ECOSOFIA

SERVIÇO SOCIAL DO COMÉRCIO
Administração Regional no Estado de São Paulo

Presidente do Conselho Regional
Abram Szajman

Diretor Regional
Danilo Santos de Miranda

Conselho Editorial
Ivan Giannini
Joel Naimayer Padula
Luiz Deoclécio Massaro Galina
Sérgio José Battistelli

Edições Sesc São Paulo
Gerente Iã Paulo Ribeiro
Gerente adjunta Isabel M. M. Alexandre
Coordenação editorial Cristianne Lameirinha, Clívia Ramiro, Francis Manzoni
Produção editorial Bruno Salerno Rodrigues, Simone Oliveira
Coordenação gráfica Katia Verissimo
Produção gráfica Fabio Pinotti
Coordenação de comunicação Bruna Zarnoviec Daniel

Cet ouvrage, publié dans le cadre du Programme d'Aide à la Publication 2019
Carlos Drummond de Andrade de l'Ambassade de France au Brésil,
bénéficie du soutien du Ministère de l'Europe et des Affaires étrangères.

Este livro, publicado no âmbito do Programa de Apoio à Publicação 2019
Carlos Drummond de Andrade da Embaixada da França no Brasil,
contou com o apoio do Ministério francês da Europa e das Relações Exteriores.

edições sesc

uma
ecologia
para
nosso
tempo

TRADUÇÃO **FERNANDO SANTOS**

ECOSOFIA MICHEL MAFFESOLI

Título original: *Écosophie: une écologie pour notre temps*

© Michel Maffesoli, 2017

© Les Éditions du Cerf, 2017

© Edições Sesc São Paulo, 2021

Todos os direitos reservados

Preparação Daniela Alarcon

Revisão Tatiane Godoy, Simone Oliveira

Capa, projeto gráfico e diagramação Leonardo Iaccarino

Dados Internacionais de Catalogação na Publicação (CIP)

M269e   Maffesoli, Michel

Ecosofia: uma ecologia para nosso tempo / Michel Maffesoli; Tradução Fernando Santos. – São Paulo: Edições Sesc São Paulo, 2021. –

168 p.

ISBN 978-65-86111-22-4

1. Ecosofia. 2. Filosofia. 3. Ecologia Humana. 4. relação homem x natureza. 5. Sustentabilidade. 6. Consumismo. 7. Capitalismo. I. Título. II. Santos, Fernando.

CDD 301.3

Edições Sesc São Paulo
Rua Serra da Bocaina, 570 – 11º andar
03174-000 – São Paulo SP Brasil
Tel.: 55 11 2607-9400
edicoes@sescsp.org.br
sescsp.org.br/edicoes
⬛⬛⬛⬛ /edicoessescsp

Para Victoria Bosqué-Maffesoli.

Sumário

Nota à edição brasileira 8

Prefácio à edição brasileira 10
A ecosofia como algo além e aquém do progresso

Modo de usar 18

1. Saber pensar o naturalismo 26
2. As raízes do prometeísmo 36
3. Retorno ao real 58
4. Sensibilidade ecosófica 90
5. *Amor mundi* 126
6. O sacral natural 144

Sobre o autor 166

Nota à edição brasileira

Em 2017, ano em que esta obra foi originalmente publicada na França, as pandemias permaneciam no campo da história e da criação artística. O coronavírus não impusera ao mundo, além de dor e perdas, a exigência de uma nova ética, cujos códigos ainda desconhecemos. Neste *Ecosofia*, o sociólogo francês Michel Maffesoli coloca em xeque a ruptura entre o ser humano e a natureza, entre o corpo e o entorno, ressaltando a devastação imposta pelo racionalismo face à autossuficiência da natureza como âmago da modernidade.

A ecosofia corresponde à sabedoria da casa comunitária, isto é, a terra-mãe, para a qual o ser humano deve voltar-se com atenção e humildade em busca do Real – matéria física, orgânica, palpável –, que extrapola a realidade compreendida pela economia, pela política, pela mídia, em resumo, pelo capitalismo e suas estruturas, que reduzem as pessoas a seu valor-trabalho, separando-as dos sonhos e do imaginário.

No momento em que, ao pensar no mundo pós-pandêmico, estamos imersos em incertezas, sem conseguir vislumbrar com exatidão as transformações que a pandemia de Covid-19 legará à humanidade, a sensibilidade ecosófica possibilita que ampliemos nossas perspectivas, convidando-nos não apenas à pausa, à observação e à reflexão, como também, essencialmente, à busca auspiciosa por um futuro comum.

A ECOSOFIA COMO ALGO ALÉM E AQUÉM DO PROGRESSO

Prefácio à edição brasileira

Existe um conhecido ditado que lembra que o passado é a pedra do nosso presente. Poderíamos prosseguir assinalando que o presente nada mais é que a concretização do passado e do futuro. A intensidade (*in tendere*) vivida agora tem origem naquilo que é anterior e que permite que se desenvolva uma energia futura. Cadeia do tempo. Enraizamento dinâmico. Aquilo que, ao contrário do antropocentrismo, chama atenção para o que, no homem, atravessa o homem. Era assim que Pascal definia o famoso "junco pensante"; temos nos esquecido, porém, de que, embora pensante, ele não deixa de ser junco. Podemos até dizer que ele só pode pensar quando se lembra de suas raízes. O que é outra maneira de recordar a comunhão estrutural com a natureza. Tudo se resume naquilo que eu chamo de sensibilidade ecosófica. Sensibilidade que é tão importante no Brasil.

Reencontramos ali o animismo de longa memória. Um paganismo que se reveste de uma forma contemporânea. A *deep ecology* poderia ser sua versão paroxística. *Paganus*. Existe, de fato, algo de pagão no sucesso dos produtos orgânicos e na recrudescência do vínculo com os diversos valores ligados à terra, ao território e a outras formas de espaço. O presente é o tempo que se cristaliza no espaço, que não projeta mais o divino no além, mas, ao contrário, o insere no terrestre. Quando assisto a um candomblé em Recife ou em Salvador, é exatamente isso que sinto, que pressinto.

Essa é, justamente, em contraste com o *progressismo*, a especificidade do *progressivo*. O primeiro destaca o poder do fazer, da ação brutal e do desenvolvimento desenfreado das forças prometeicas. O segundo, em contrapartida, dedica-se a estimular o que vem de dentro, a usar uma potência natural. Novamente, Prometeu e Dionísio. Eles são figuras espirituais, mas também são símbolos operatórios, na medida que permitem ver com outros olhos uma vida cotidiana em que o *bem--estar* não é nada comparado ao *melhor-estar*. Vida diária em que, ao ritmo dos trabalhos e dos dias, o qualitativo reencontra um lugar de destaque: qualidade de vida. Expressão um pouco genérica, mas que define bem o espírito do tempo.

É isso que o filósofo Heidegger nos recomenda: "a lei oculta da terra a conserva na moderação, que se contenta com o nascimento e com a morte de todas as coisas, no círculo determinado do possível". Moderação sábia decorrente da aceitação trágica de um presente precário e que, portanto, precisa da intensidade. Do prazer de existir a partir da existência das coisas. É isso que parece estar em jogo na socialidade própria à progressividade contemporânea.

Tudo isso já foi dito de inúmeras maneiras. Quanto a mim, numa época em que isso ainda não estava na moda, fiz uma análise crítica do mito do progresso (*La Violence totalitaire*, 1979) e de sua capacidade de destruição. O *totalitarismo* que ele induz leva inevitavelmente à destruição do mundo e da mente das pessoas. Em relação a isso, já não restam dúvidas. As consequências funestas dessa destruição, tanto no ambiente natural como no social, nos estimulam a tomar consciência de que outro espírito do tempo está em gestação. Mudanças climáticas estão ocorrendo, o que é muito delicado de se dizer. Mas eu não me canso de repetir aos meus amigos brasileiros que a máxima "ordem e progresso", tomada de empréstimo a Augusto Comte, não combina mais com o espírito do tempo.

Quando temos a lucidez e a humildade de observar as histórias humanas na longa duração, percebemos que o apogeu de um valor sempre remete a seu hipogeu. São inúmeros os termos, eruditos ou coloquiais, que exprimem esse fenômeno. Os sociólogos se referem a um processo de saturação; os historiadores, de inversão quiasmática; os psicólogos, de compensação. Pouco importa o termo empregado. Trata-se de uma inversão de polaridade, causa e efeito de uma profunda transformação societal ou antropológica.

Nada é intocável. As metamorfoses fazem parte da ordem das coisas. De nada vale se apegar à modernidade como o mexilhão se apega à rocha. É preciso, portanto, saber expor o espírito do tempo. Isso não será fácil enquanto a rotina filosófica, chamada por Durkheim de "conformismo lógico", ocupar o lugar da reflexão. Aliás, é na sabedoria popular que podemos, como sempre, encontrar mais lucidez. Como a frase escrita em um muro nos arredores de Porto Alegre: "A crise passa. A vida continua".

Frase sensata do senso comum que exprime perfeitamente, no longo prazo, a força do desejo de viver do povo. Parafraseando Galileu, somos forçados a dizer: "E, no entanto, ela vive". Essa vida que os catastrofistas de todo tipo se esforçam em desqualificar. Tanto é verdade que a atitude chorosa é a marca registrada de todos aqueles que, tendo o poder de se expressar, de escrever e de agir, escondem-se atrás de atitudes queixosas e de empregos deploráveis.

Intelligentsia rancorosa, mal-humorada e incapaz de perceber que o declínio é o sinal de uma nova gênese. Ela tem saudade da época gloriosa do progressismo moderno e, ressentida, é incapaz de compreender a *sensibilidade* ecosófica, que ressurge com uma força e um vigor incontestáveis. Ressentimento que se manifesta com o estilo "piedoso" que caracteriza todos os artigos e livros, ao mesmo tempo banais e arrogantes, típicos do dogmatismo da modernidade.

Eu sempre disse que, em períodos de transformação, é preciso encontrar as palavras menos falsas possíveis. Palavras essenciais que podem se tornar palavras fundadoras. Ou seja, palavras que descrevem o que advém. Tanto é verdade que o verdadeiro falar é, primeiramente, uma escuta. Escuta do advento daquilo que está aí. Era assim que Fernando Pessoa descrevia a "sociologia das profundezas", capaz de expressar, de dar forma àquilo que, vindo de muito longe, fala através de nós.

Conscientes do vitalismo ambiente, em vez de nos lamentarmos, está na hora de aplicarmos um novo *Discurso sobre o método*, que ilumine retrospectivamente. Ou seja, que saiba retroceder do derivado ao essencial. Compreender o primeiro à luz do segundo. É assim que poderemos, em seu sentido etimológico e em sua plenitude, *compreender* a metamorfose em curso. Aquela que nos faz passar de um progressismo (que foi poderoso e eficaz, mas que está se tornando um pouco enfermiço) a uma progressividade que reinveste os "arcaísmos" – povo, território, natureza, sentimentos, humores – que pensávamos ter superado. É isso que chamo de *invaginação* do sentido, um retorno à natureza essencial das coisas.

Há na natureza uma aceitação daquilo que existe. É essa aceitação, atitude afirmativa por excelência, que lhe dá a dimensão trágica. Em vez de esperar (fé, esperança, utopia, crenças) a perfeição em outros mundos, religiosos ou políticos, o retorno do natural se adapta a este mundo, se satisfaz com tudo que o constitui, se ajusta tanto quanto possível àquilo que existe.

O que está em jogo é uma forma de conformidade com o ser do mundo em sua realidade múltipla. Não mais o *progresso*, explicando a imperfeição e suprimindo as dobras do ser, mas o *progressivo* que o implica. Ou seja, aceitando suas dobras. Um *sim, apesar de tudo* ao que existe. É esse o fundamento, inconsciente, da sensibilidade ecosófica. Aceitação das voltas e dos desvios, dos labirintos e dos corredores mal iluminados de todas as peças escuras e desordenadas da casa (*oikos*) individual ou comum. Talvez seja isso que a mística, como a da gloriosa Teresa d'Ávila, chama de "moradias" ("moradas").

É essa progressividade natural que o progressismo moderno tem muita dificuldade de aceitar. Realmente, não é fácil assimilar aquilo que Rimbaud chamava de nossa "antiga selvageria". Retomando uma distinção que sugeri bem no início das minhas reflexões: o selvagem é uma expressão da *potência* nativa, primordial e societal que o *poder* social, econômico e político se dedicou a apagar.

É o que Michel Foucault chamará de "domesticação", que caracterizaria as instituições modernas. O que Norbert Elias chamará de "curialização" dos costumes, própria da dinâmica do Ocidente. Em cada um dos casos, houve um empenho, através da educação e de uma organização puramente racional do estar-junto – ou, ainda, com o utilitarismo próprio da economia moderna –, de eliminar os afetos, os humores e os sentimentos fundamentais do animal humano.

Mas eis que o ponto de inversão analisado neste livro anuncia o retorno da potência selvagem. Potência que vem de muito longe e que reencontra uma nova vitalidade nas práticas juvenis, nos agrupamentos esportivos, nas histerias musicais e em outras aglomerações religiosas. É por meio de todos esses fenômenos que a selvageria da natureza se exprime. Atitudes radicais, ou seja, que se reconciliam com as *raízes* profundas que constituem a cadeia infinita que liga um século a outro. Cadeia que o progressismo acreditara ter rompido: o século XIX foi, não nos esqueçamos, o triunfo daquilo que Marx celebrava como sendo *Prometeu libertado*.

Esse símbolo está sendo substituído por Dionísio, deus ctônico, deus desta terra, deus *autóctone*. Arquétipo da sensibilidade ecológica, Dionísio tem a terra a seus pés. Ele sabe usufruir daquilo que se apresenta e dos frutos que este mundo oferece, aqui e agora. Essa figura emblemática pode ser qualificada como "divindade arbustiva". Um deus enraizado. Se existe algo que sempre me surpreende no Brasil é justamente que "a sombra de Dionísio" – marca fundamental da pós-modernidade – se espalha cada vez mais na vida cotidiana.

É essa atitude *instituidora* em estado nascente que podemos qualificar de *holística*, termo utilizado por Durkheim para designar o aspecto global da vida social. Termo resgatado pela *New Age* californiana para significar os processos de interação, de correspondência, de *relacionismo* generalizado. É esse aspecto holístico das coisas que apela a um pensamento orgânico em que, além e aquém das hierarquias, das separações ou das distinções habituais da sociologia "estabelecida", nos empenhamos em reconhecer as múltiplas e necessárias inter-ações, ações-retroações da realidade global.

Isso pode levar ao riso os espíritos graves e um pouco insensíveis, mas somos obrigados a reconhecer, cada vez mais, que *o todo é símbolo de antiga memória* e reencontra uma vigorosa atualidade na *dependência mútua* mundial. O particular e o universal, o local e o global, adequando-se nessa nova figura que é o *glocal*. Uma espécie de universal concreto. Um enraizamento dinâmico no qual a *apetência* das raízes é acompanhada pela *competência* técnica. E essa interação está plenamente presente no Brasil. É por isso, aliás, que há muito tempo anunciei que o Brasil poderia ser o "laboratório da pós-modernidade".

Tudo isso pede aquilo que chamarei de *geossociologia* ou *sociologia das profundezas*, que transforme cada um de nós em um explorador do segredo da natureza das coisas, aquele *secretum naturae rerum* em relação ao qual Pico della Mirandola pedia que fôssemos o *cupidus explorator*. Eterno desejo de conhecer o que é da ordem do apetite. Apetite como eco do vitalismo existencial. Nunca é demais repetir: esse vitalismo é, sem dúvida, a principal característica do Brasil.

MICHEL MAFFESOLI
Fevereiro de 2020

MODO DE USAR[1]

Oferecer aos outros os frutos da contemplação.[2]

TOMÁS DE AQUINO

Existe uma natureza das coisas, e nós tivemos a ousadia de modificá-la! A destruição do mundo, natural e social, é a consequência mais evidente disso. E isso começa a se revelar de maneira difusa: não podemos mais aceitar o que contraria o bom senso ou o que é contrário à natureza, o que acaba por ser a mesma coisa. Daí a necessidade, e objetivo deste livro, de identificar as correntes que, silenciosamente, avivam a natureza. O que se convencionou chamar de "realidade" (econômica, política, midiática) não passa de aparência. Só o Real merece atenção. E é isso que eu chamo de sensibilidade ecosófica.

Não se trata de neologismo. Outros, antes de mim, utilizaram o termo. Basta prestar atenção ao fato de que, além da frivolidade do *greenwashing*[3], expressão da mercantilização crescente da sociedade, e aquém da imbecilidade da ecologia política, existe uma ordem normal das coisas, isto é, uma lei da vida que exige, por um lado, adaptação constante, e, por outro, verdadeira humildade de espírito para fazê-lo.

---

1 . Enfatizo que os capítulos que se seguem podem ser lidos em sequência ou fora de ordem. Basta, amigo leitor, que você tire proveito de tudo que é proposto aqui para reflexão ou mesmo para meditação.

2. *"Contemplata aliis tradere"*.

3. Empresas e organizações praticam *greenwashing* ao propagar de maneira enganosa a adoção de práticas sustentáveis que, na verdade, não são adotadas por elas. [N.E.]

A palavra "imbecilidade" deve ser compreendida no sentido estrito do termo: aquilo que avança sem segurança, sem cajado (*bacillus*). Daí a fragilidade e a errância que ela suscita. E a isso se opõe a ecosofia: a sabedoria, de antiga memória, da casa (*oikos*) comum, esta nossa Terra. O que implica que, longe dos lugares-comuns, saibamos nos ater a um comportamento rigoroso. Os filósofos autênticos o dizem a sua maneira: "A falta de reflexão é um hóspede inquietante que se insinua por toda parte no mundo de hoje". O primeiro capítulo estimula esse esforço.

Um esforço cada vez menos frequente, uma vez que os bons sentimentos, o moralismo e a hipocrisia se sobrepõem à reflexão. E, no entanto, extremamente necessário quando se pretende preservar uma barreira intransponível entre o sábio e o político. Por isso, contra a militância, nada mais atual que confiar na neutralidade axiológica, até mesmo na *contemplação do mundo*, e nada mais urgente se quisermos entender o que está sendo tramado, subterraneamente, na era pós-moderna em gestação. O segredo é uma semente que se esconde sob a terra. E é sua germinação que produz frutos.

Pois, como sempre acontece nos períodos de transformação, é além ou aquém das instituições oficiais, é na sociedade oficiosa que se tecem os valores do futuro. Quem quiser compreender a palingênese social em curso deve saber que, como sempre acontece, a anomia de hoje é o cânone de amanhã. Portanto, a compreensão da nova gênese (palingênese) reside no fato de as mentes heterodoxas saberem resistir aos encantos soníferos do conformismo dominante.

Para fazê-lo, e esse é o objeto do segundo capítulo, é preciso pôr as coisas em perspectiva. Dar um passo atrás a fim de delimitar as raízes que levaram à devastação mencionada, cujas formas emblemáticas são as catástrofes ecológicas.

Por isso, para retomar uma distinção feita por algumas pessoas sensatas, é preciso mostrar que, no movimento pendular característico da história humana, Dionísio, deus ctônico, autóctone, isto é, habitante desta terra, não deixa de suceder Prometeu, figura emblemática do mito do progresso, sempre à espera de um mundo *por vir.*

O progressismo, consequência lógica do messianismo semita, tende a considerar o mundo um "objeto" que o "sujeito" humano deve dominar. Domínio que é causa e efeito do desprezo que dedicamos a este mundo, à espera de um paraíso celeste ou terrestre ao qual convém aspirar. Esta é a origem do "prometeísmo" moderno. Prometeísmo mais ou menos inconsciente, que vem sendo substituído por uma "filosofia progressista" que, sem negar os avanços do desenvolvimento tecnológico, sabe enriquecê-lo com valores predominantemente espirituais, apostando na reversibilidade e na interação entre a vida natural e a vida social. Um bom exemplo disso é o holismo, isto é, a totalidade do ser.

É justamente isso que o terceiro capítulo procura analisar: o retorno ao Real. Eu poderia ter dito o retorno do Real! Um Real repleto de sonhos, mitos, devaneios e de diversas fantasias que perseguem o imaginário do momento. Sim, é verdade, o mundo está desorientado. Não é isso que acontece quando as civilizações chegam ao fim? Contudo, por meio de inúmeros "vieses", gestos simples praticados no dia a dia, o (re)nascimento da harmonia natural ganha corpo. A água, o ar, o fogo e a terra são considerados forças naturais merecedoras de respeito e consideração.

A origem etimológica de *biais* (de onde provém "viés") é *bi axis*, aquilo que tem dois eixos. Na matéria, a comunhão perene, e esquecida, entre a razão e a imaginação. "Ter um viés" significa, para além do unilateralismo racional da modernidade, pôr em prática uma visão multilateral que proporcione intimidade com a natureza. É reconhecer a importância da biodiversidade, símbolo do multiculturalismo social.

Harmonia natural e harmonia social andando juntas, o retorno ao Real evoca a relação íntima que existe entre o território e a comunidade que o habita. Esquecemos com muita frequência que o lugar cria o elo. A ordem natural mantém o mundo em equilíbrio. Os pratos da balança reencontram sua posição natural. Ocorre a reversão entre o respeito à natureza e o ideal comunitário, que é a sua expressão.

É graças a esses "vieses" praticados cotidianamente que chegamos ao que o capítulo quatro denomina "sensibilidade ecosófica". É o centro nervoso deste livro, que está atento ao desejo de viver profundamente enraizado, desejo de viver instintivo, isto é, mais vivido que pensado, desejo de viver oriundo de uma base primitiva que não se deixa desviar pela Razão discursiva, mas que atribui aos sentidos, ao sensível e ao sensismo o lugar que lhes cabe.

Essa sensibilidade não tem mais a pretensão de dominar a natureza, e sim de segui-la. De se adaptar a um ecossistema em que a osmose, a simbiose e a analogia são os instrumentos privilegiados para se analisar a revolução em curso. A revolução do deixar existir, da aceitação daquilo que tem de cruel o futuro fatídico a que está sujeita a espécie humana.

Revolução, *revolvere*, significa assistir ao retorno – não exatamente de maneira idêntica, mas num movimento espiralado –

daquilo que, em nosso progressismo simplório, acreditáramos ter superado. Esse enraizamento dinâmico, que a espiral ilustra bem, é completamente negado pelas elites, ao mesmo tempo excitadas e defasadas. Ele é admitido, de maneira tranquila, pelas pessoas que são qualificadas, com arrogância, como "populistas". É esse o objetivo da "organicidade originária" desenvolvida no quinto capítulo. A volta às origens da filosofia "progressista", que lembra que o ritmo da vida implica um fluxo a partir de um ponto fixo, de uma fonte que permite a sua existência. Doravante, aquilo que foi não pode não ter sido. Fato misterioso e obscuro, prova da eternidade do presente vivido.

É essa aceitação da roda da Fortuna que, malgrado a precariedade que ela pressupõe, dá à vida todo seu esplendor. É essa aquiescência com aquilo que existe que também reatribui sentido a uma solidariedade social e natural essencial. Naquilo que ela tem de orgânico, isto é, vivida concretamente, e não racionalmente. Em suma, isso conduz do isolamento moderno ao "aparentemente" pós-moderno.

Nesse sentido, a separação em relação à natureza e as diversas dicotomias – corpo/mente, matéria/espírito, cultura/natureza – que estiveram na origem da modernidade levou o indivíduo a se isolar na fortaleza de sua mente e o encerrou detrás do sólido muro da vida privada.

A ligação do indivíduo com seu ambiente natural permite que ele reate com seu ambiente social. É justamente isso que não compreendem os protagonistas da ecologia política, que agem como sabotadores. Por meio dessas "ligações", a pessoa, vivendo por meio da sua comunidade e graças a ela, retorna, com a mente aberta, à ampla morada da vida, a vida do mundo.

E não por meio da ação política, mas por meio de uma comunhão secreta com a terra-mãe. É o que chamo de invaginação do sentido!

Por fim, o último capítulo, sob a égide de Espinosa – *Deus sive nature*[4] –, prossegue a análise do *sacral* pós-moderno[5]. Pois certamente existe, no naturalismo contemporâneo, uma maneira de pensar e de viver um retorno do divino. O divino como um retorno às origens de toda vida em conjunto.

Na Grécia antiga, era depois de consultar o oráculo de Delfos que o *oikistes*, fundador da nova cidade, partia à frente da colônia para realizar sua expedição. Ele portava a chama da cidade-mãe, do lar sagrado que se propagaria em terras distantes. *Oikos*, o hábitat, não era simplesmente racional; ele tinha uma dimensão transcendental e sagrada, assegurando a perenidade e a solidez do vínculo social.

Sejamos conscientes ou não, é precisamente essa dimensão sagrada que *está em jogo* na (re)fundação naturalista que, sob múltiplas formas, atua na sensibilidade ecosófica. Assim como uma nova maneira de habitar esta *terra* se apresenta, também o cimento que estrutura esse hábitat não é apenas material. O espiritual também tem sua parte. Uma parte que não é desprezível.

As histórias humanas demonstram à vontade: é quando não sabemos lhe dar o lugar que lhe cabe, quando esquecemos de ritualizá-lo, que o sagrado se torna perverso e ressentido, até terminar em fanatismo. Na atualidade, há muitos exemplos nesse sentido. A modernidade paga caro por querer desencantar o mundo.

4. "Deus ou natureza".

5. Ver Michel Maffesoli, *La Parole du silence*, Paris: Les Éditions du Cerf, 2016.

A natureza sacral talvez seja uma maneira de evitar esse perigo. O culto ao corpo individual, assim como a celebração do corpo glorioso do dado natural, é, certamente, uma maneira de reencantar o mundo. E isso por um preço baixo. Enquanto o culturalismo tinha privilegiado o raciocínio abstrato – reino da ideosofia durante toda a modernidade –, o naturalismo moderado ou o "realismo" da filosofia tomista concede novamente suas cartas de nobreza aos sentidos, à carne e, para dizer de uma maneira metafórica, ao mistério da encarnação.

E isso para demonstrar a ligação íntima que existe entre o espaço e a socialidade. O espaço que, ao mesmo tempo, limita e permite a vida. O espaço que, por meio dos hábitos que ele produz, permite e reforça, no sentido mais profundo do termo, o fato de habitar determinado lugar. Hábito e habitação que nos fazem vestir um hábito que é causa e efeito do ideal comunitário.

Trata-se, portanto, de um livro com diversas entradas, de acordo com os interesses de conhecimento de cada um. Na tessitura das análises que se seguem há sempre, para quem se dá ao trabalho de procurar, uma espécie de filigrana, um sentido secreto. Na verdade, eu me empenhei, no claro-escuro da existência, em conservar a preocupação com o luminoso. Luminosidade que é um escudo opaco à curiosidade das pessoas comuns. Opaco às facilidades a que a mediocridade mediacrática nos habituou e aos arremedos de discussão de botequim.

Os mistérios não devem ser profanados. É preciso deixar-lhes a clareza pura da sua evidência. Quem puder compreender, que compreenda!

I.
SABER PENSAR O NATURALISMO

Esculpe, lixa, cinzela;
Que teu sonho evanescente
Se imprima
No bloco resistente.[6]

THÉOPHILE GAUTIER

Lembremo-nos deste fragmento de Parmênides: "Pensar e ser são a mesma coisa". Aliás, não é quando não sabemos mais pensar corretamente "o que é" que ocorre uma *crise*? Ou, o que dá no mesmo, quando repetimos ideias convencionais – tanto é verdade que as palavras ultrapassadas continuam a assombrar os conformistas. Portanto, que sempre tenha havido moedas falsas, é algo que faz parte da ordem das coisas. Até aí, nada de surpreendente. O problema é a impunidade de que desfrutam os "falsários".

Tanto é verdade que, desde sempre, o discurso vazio, a verborragia enrijecida, não permite apreender a vida em sua constante transformação. Em sua paranoia maniqueísta, os defensores dessa verborragia consideram que a realidade do mundo se divide em preto e branco, em bom e mau, em verdadeiro e falso, esquecendo o claro-escuro que a sabedoria popular reconhece como a característica essencial da natureza humana, em particular, e da natureza, em geral.

---

6. *Sculpte, lime, cisèle;/ Que ton rêve flottant/ Se scelle/ Dans le bloc résistant.*

Separar a luz das trevas! Essa é realmente a ordem fundamental que constitui o fio condutor da tradição cultural ocidental. Essa é, também, o princípio de separação sobre o qual repousa a modernidade. Princípio gerador e organizador do mito progressista cujo resultado incontestável é, simplesmente, a destruição do mundo. Hoje não faltam exemplos nesse sentido: as devastações ecológicas são moeda corrente, e sua multiplicação está garantida!

Diante disso, a grandiloquência de palavras ultrapassadas não basta. Nem a pretensão dos apologistas da ciência. Refiro-me às "ciências duvidosas" de que fala Charles Fourier: economia, política e moral, às quais ele dirige uma irônica "Epístola de despedida". É indiscutível que as pseudociências humanas e sociais se contentam em repetir, com arrogância e solenidade, alguns lugares-comuns cuja frivolidade compete com a vaidade. Mas quem ainda se preocupa com isso?

Pequeno sinal instrutivo: quando esses "cientistas" se declaram militantes. O círculo se fecha. Esquecendo a tradicional e a legítima distinção entre "o sábio e o político", eles consideram que é preciso "se engajar" e participar da revolução, que, como todos sabem, é inevitável e iminente. Ao se tornar política e, portanto, de "esquerda", a ecologia se inscreve numa "forma": a "forma de partido"[7], cuja inutilidade as mentes mais penetrantes percebem e cujo aspecto datado as jovens gerações pressentem.

Diante das palavras irreais destiladas pelo mau humor dos políticos caquéticos, que, com muita frequência, também são

---

7. Ver Robert Michels, *Sociologie du parti dans la démocratie moderne: enquête sur les tendances oligarchiques de la vie des groupes*, Paris: Gallimard, 2015, e Michel Maffesoli, *La Violence totalitaire* (1979), reeditado em *Après la modernité?*, Paris: CNRS, 2008, p. 313.

cacógrafos, é preciso saber decifrar o advento de um mundo em gestação. Encontrar seu "código". Nesse caso, a natureza como hipótese fundadora de toda antropologia digna desse nome. O que exige um procedimento em que a perspicácia do olhar se junte à necessidade de rigor. Sem se abrigar atrás da pretensão de cientificidade, o pensamento autêntico sabe ser plenamente exigente e de acordo com o espírito do tempo.

Quando a discordância entre a sociedade oficial e a sociedade oficiosa é patente, é frequente que o procedimento heterodoxo, ao se opor à doxa institucional, ponha-se de acordo com a sabedoria popular. Com a ajuda da revolução digital, é esclarecedor observar que o senso comum e a inteligência comum se encontram na horizontalidade de um conhecimento que despreza a verticalidade do saber estabelecido. Mesmo, e sobretudo, quando esse último se pretende político. Como a desconfiança em relação a ele chega ao auge, os sábios (especialistas, jornalistas, políticos) deixam de ganhar dinheiro!

O que estimula o retorno à origem: a origem de um naturalismo antigo que o subjetivismo ainda não contaminou. Pois foi esse último, realmente, que fez do homem a medida de todas as coisas e o empoderou "como senhor e proprietário da natureza". Mas que, ao mesmo tempo e paradoxalmente, faz com que ele considere essa "possessão" como algo insignificante e mesmo desprezível, pois a única coisa legítima é a aspiração ao paraíso. Seja sob a forma religiosa – a Cidade de Deus de Santo Agostinho comprova isso –, seja sob a forma profana, de que a futura sociedade perfeita da teoria marxista é um excelente exemplo. Seu ponto comum é a recusa de uma natureza corrompida ou imperfeita que é preciso transcender ou atacar!

Retornar à origem é reencontrar a vocação natural do ser humano. Sabedoria imemorial que sabe reconhecer e viver secretamente a extraordinária generosidade da mãe natureza. Vocação que leva a perceber o encantamento, sempre e novamente atual, que é o mundo em sua eterna juventude. Sabedoria que sabe, com um saber incorporado, da ambivalência de toda existência mundana. Ambivalência em que o bem e o mal estão unidos numa mistura fecunda, pois o obscuro e a crueldade têm livre acesso à natureza, e se completam numa harmonia sob vários aspectos conflituosa, mas não menos real e eficaz, e que se expressa nas leis incontornáveis da necessidade e da finitude.

Portanto, o retorno difuso ao naturalismo implica que, para além da habitual postura crítica própria da modernidade, saibamos dar mostras de radicalismo. Ir à raiz das coisas, perceber ali a germinação silenciosa, a fim de compreender corretamente sua floração. E não ter medo, é claro, de extrair todas as consequências disso. E sem qualquer atitude militante ou normativa, o que dá no mesmo. *Sine ira et studio*, sem animosidade nem fervor.

Essa é a postura verdadeiramente radical. Tal como recomenda Espinosa: "Compreender as ações humanas, não rir delas nem as deplorar ou as censurar". Essa é a única postura ao mesmo tempo pertinente e prospectiva para apreender o imaginário do momento ou, como é mais comumente denominado, o espírito do tempo. Percebemos cada vez mais que o conhecimento do ambiente é imprescindível para compreender as estruturas essenciais do ser em sociedade.

Essa "anemoscopia", para retomar um tema clássico, essa observação da atmosfera e dos ventos que a atravessam, é primordial se quisermos compreender as variações "climáticas" que, ao longo das histórias humanas, são o motor do dinamismo existencial. O que exige que a mente saiba cheirar: *olfactus mentis*. Esse é o centro nervoso da abordagem fenomenológica que, segundo Merleau-Ponty, "deixa-se praticar e reconhecer como maneira ou como estilo, ela existe como movimento"[8].

A humildade do descritivo – ver e descrever – é a melhor resposta ao discursivo ou argumentativo que domina a pretensão intelectual. O que permite distinguir, como no caso dos batimentos cardíacos *stricto sensu*, as épocas sociais de diástole e de sístole. Aquelas, prometeicas, em que prevalece o crescimento, o projetivo, em suma, a economia. Essas, mais dionisíacas, totalmente recuadas, encolhendo-se sobre este mundo, sobre a sua natureza, o que estimula a ser "autóctone", isto é, a se sentir membro da terra (*chtonos*), a ser, por assim dizer, responsável por ela. A ecosofia, então, é o ângulo de ataque por excelência para compreender a atmosfera mental da época pós-moderna. Como o foi da pré-modernidade.

Nunca é demais repetir: pensar e ser estão, para a nossa espécie animal, em constante correlação. Por isso, contrariamente à ideosofia moderna, que vive a predominância da abstração e do desenraizamento, o pensamento tradicional, do qual a fenomenologia é a herdeira, dedica-se a reabilitar a dimensão encarnada da existência. À desencarnação das teorias idealistas ou críticas, ela opõe a materialidade da experiência vivida. Esta é a razão sensível: uma razão que não domina, mas se ajusta ao mundo tal como ele é. De antiga memória, a sabedoria viu nessa união a fonte de toda virtude, que, como

---

8. Maurice Merleau-Ponty, *Œuvres*, Paris: Gallimard, 2010, p. 658.

observa Cícero, é um *"habitus* da alma conforme à natureza, à moderação e à razão"[9]. O "desencantamento do mundo" ocorre quando o futuro tende a predominar. A angústia diante do porvir é sua forma exacerbada. Existe "reencantamento", que é a minha hipótese fundamental, quando prevalece o gozo do presente. O famoso *carpe diem*! Presenteísmo em que a transcendência se torna imanente. Instante eterno no qual nos comprazemos em nos aninhar nas dobras "deste mundo", onde encontramos novamente refúgio, na matriz fecunda da terra-mãe.

Abordagem fenomenológica que talvez não esteja muito distante do que Augusto Comte denominava "proposições positivas". Saber deixar de lado as "causas primeiras" ou as "causas últimas". Isto é, se livrar de toda metafísica. Em termos mais triviais: ver, descrever, farejar. A partir daí, não nos encontramos mais na dedução que parte do céu das ideias, e sim na indução que vem de baixo, do concreto, das raízes. Pensamento que cresce junto com a vida; vida sempre em devir, em movimento. Em suma: a vida, simplesmente.

Desse modo, longe da cantilena das ideias abstratas, que são, na maior parte do tempo, fórmulas mágicas simples e estéreis, a fenomenologia indutiva é extremamente empírica. E, tal como o pensamento mitológico, ela opera por meio de repetições um pouco contundentes. Ao agir assim, ela erode de maneira gradual o recolhimento característico de uma *realidade* raquítica e redutora, e nos faz aceder a um *Real* infinitamente mais rico, na medida em que ele está cheio de todos os sonhos, ilusões e fantasias que constituíram, ao longo do tempo, as bases mais seguras da realidade social.

9. Cícero, *De inventione rhetorica: nam virtus est animi habitus, naturae, modo, rationi consentaneus.*

Como as repetições são a garantia do discernimento, essa *discretio* de antiga memória, graças à qual o dogma unilateral e intolerante dava lugar à visão em perspectiva, é a melhor para descrever diretamente o "politeísmo de valores" específico das estruturas antropológicas do imaginário.

As repetições mostram a passagem da obsessão prometeica – a natureza como objeto a ser explorado – à "correspondência", à reversibilidade muito mais holística: a culturalização da natureza e a naturalização da cultura. É essa mudança que é causa e efeito da sensibilidade ecosófica, em que o ser se adapta a um átrio: um lugar que permite o vínculo com os outros. Compromisso, ou melhor, adaptação que só pode ocorrer em referência às raízes originais, fundações e garantias de toda vida em sociedade. O enraizamento dinâmico da pós-modernidade é o exemplo mais evidente disso, com o todo conduzindo ao aspecto sagrado de uma natureza que reencontra a dimensão um pouco pagã de uma temporalidade concentrada no aqui e agora.

A formação do universo é um contínuo vir a ser. Nada é linear, mas extremamente pendular. Metamorfose, mutação, evolução, regressão, estagnação – são muitas as fases que determinam a "cosmogonia". E muitas são as palavras para designá-las. Do surgimento da espécie humana, a "antropogênese", ao impacto que o ser humano tem sobre o universo, o "antropoceno", são inúmeros os sobressaltos, os riscos, as vitórias e os fracassos. O certo, porém, é que, para compreendê-los, não podemos nos contentar com uma "ciência" externa. Simplesmente porque fazemos parte dessa gigantesca epopeia.

Da narrativa bíblica do Gênesis ao mito de Prometeu, a gesta humana está cheia de contos e lendas que tentam compreender e mesmo explicitar a relação singular entre a cultura e a natureza, entre o homem e seu ambiente. Os discursos pertinentes e prospectivos, em particular os científicos, foram aqueles que iniciaram sua abordagem com uma descrição ao mesmo tempo precisa e metafórica, a abordagem da intuição, que, recordemos, é um olhar que vem de dentro (*in-tueor*). Aquele que fala "também faz parte" daquilo sobre o que fala.

Como observou Einstein, "o intelecto intuitivo é um dom sagrado, e o intelecto racional é um servo fiel. Nós criamos uma sociedade que reverencia o servo e se esqueceu do dom".

É preciso, portanto, voltar *at res*: à coisa mesma. Saber descrever de maneira "realista" e animada aquilo que justamente "anima" – dá a sua alma – a nossa relação com a natureza. Na retórica, isso é chamado de "hipotipose". Ela permite o verdadeiro pensamento: aquele que sabe ver. Segundo Simmel, é essa "olhadela" (*Augenblick*) que é o início de um conhecimento autêntico. Mas lembro que, para tanto, é preciso se "desenraizar" desse país abstrato resultante da rotina filosófica, das ideias convencionais e do conformismo de consequências extremamente nefastas.

Reorientar a abordagem significa, simplesmente, recordar que, para pensar a matéria orgânica trabalhada pela mente, é preciso que o intelecto volte a ser "orgânico". Ou seja, parte integrante dessa matéria e dessa mente que ele tem por vocação analisar. O observador, portanto, torna-se visionário!

Sei o quanto isso pode ser inquietante para as mentes circunspectas que adquiriram o hábito de se contentar com ideias simples. Mas quem ainda se preocupa com os "notários do saber"? A maioria não passa de adolescentes infantilizados que se divertem nos berçários em que se transformaram as universidades. Usando um dialeto que só eles entendem, repetem sem parar algumas ideias convencionais e diversas fórmulas mágicas moralmente corretas. Embora a *fascinatio nugacitatis* tenha sempre existido, hoje em dia o fascínio pela futilidade chegou ao auge.

E na metamorfose em curso não podemos nos contentar, como assinala o filósofo, em "propor categorias irreais e mortas, formas que não passam de sombras, fundos de gaveta estéreis em que se pode conservar com todo o cuidado e deixar embolorar uma vida corroída pelo racionalismo". É preciso saber questionar com audácia o que está ali, o "ali" do mundo. Oferecer aos outros o que fomos capazes de contemplar.

No caso, a metamorfose em curso – em meio à apreensão e ao medo – de uma natureza dominada e depois devastada numa natureza parceira que "retro-age" sobre o ser humano. O que dá uma visão muito mais sutil da antropologia em curso. É verdade que o ser humano está ali, no centro de uma natureza muito menos submissa do que se pensava. Pois o animal humano sabe, ou melhor, "sente" que não pode ser excessivamente predatório. Uma predação exacerbada e desordenada o levaria a uma morte programada num curto espaço de tempo.

São os meandros dessa sensibilidade ecosófica que precisamos compreender.

2.
AS RAÍZES DO PROMETEÍSMO

A Terra sentiu o golpe.[10]

JOHN MILTON

Está cada vez mais evidente: a ferida que a terra sente agora ficou incontestável. E é muito difícil fechar os olhos ou tapar os ouvidos, sem falar dos odores produzidos pelas devastações ecológicas cada vez mais frequentes e que estão predestinadas a se multiplicar. Análogo a isso, as revoltas não são mais apenas sociais. A terra-mãe se rebela. Erupções vulcânicas, inundações, intempéries múltiplas ou outros tsunamis estão presentes para nos sugerir um pouco mais de humildade. A dominação do mundo tem limites que começamos a levar a sério.

Está em curso, de fato, uma inversão da polaridade. Mecanismo de saturação, mutação, quiasma, como podemos observar frequentemente no movimento pendular das histórias humanas, pouco importa o termo empregado; o que ele designa está à vista de todos. Mas, para compreender bem sua extensão, também é preciso compreender bem, radicalmente, o que estamos abandonando. A decrepitude de todas as coisas não nos deve fazer esquecer que a aurora está sempre presente. É essa a força do destino. Tudo está em seu lugar! A busca de raízes – arqueologia, genealogia – é sempre boa conselheira. Justamente pelo fato de que essa atitude permite compreender o renascimento que ela engendra. É por isso que podemos captar a inteligente observação de Pierre-Simon Ballanche

---

10. *Earth felt the wound.*

ao explicar a "palingênese" (a nova gênese): "Minha função é explicar as ruínas"[11].

Ruínas do ativismo um pouco paranoico de um economicismo para o qual os únicos critérios são o utilitarismo e a busca de ganho financeiro. Ruínas de uma ideologia para a qual a realização do indivíduo e do mundo se resume ao valor-trabalho. Ruínas da Verdade Única e universal que impõe ao mundo inteiro, pelo viés do racionalismo, o ponto de vista intransponível do progressismo. Ruínas de um materialismo míope para o qual a produção, o fazer e a ação dominadora sobre a natureza são o único horizonte oferecido para uma vida bem-sucedida. Será que não percebemos o ressurgimento de inúmeras posturas, em particular juvenis, que enfatizam o "deixar viver" e o "abrir mão"? Não existe, cada vez mais, uma ação voltada à criação? O relativismo oriundo do multiculturalismo não é, hoje em dia, algo corriqueiro? Quanto ao retorno multiforme do espiritual, não é algo que parece constituir o espírito do tempo pós-moderno em gestação?

Mas, para avaliar bem esse quiasma, é preciso lembrar da ordem primordial que serve de base para aquilo que chamei de *lógica da dominação*: *eritis sicut dei* (Gênesis, 3:5). Ser igual aos deuses! Aí está o princípio gerador que produz a ideologia do domínio total da natureza. O que vai dessacralizar a mãe natureza, considerá-la um objeto inerte que podemos explorar à vontade e que, fundamentalmente, não merece grande consideração, uma vez que a verdadeira vida está por vir num paraíso distante.

---

11. Pierre-Simon Ballanche, *Essai sur les institutions sociales*, Paris: Fayard, 1991. Ver também Patrick Tacussel, *L'Imaginaire radical: les mondes possibles et l'esprit utopique selon Charles Fourier*, Paris: Les Presses du Réel, 2007.

Objeto de conquista, objeto possuído, a natureza não é mais considerada em sua ordem admirável, mas se torna, simplesmente, uma prostituta, *stricto sensu*, uma "mundana" da qual podemos usar e abusar à vontade. Na verdade, a luta encarniçada – ainda mais que esse combate é inconsciente – contra o naturalismo é conduzida essencialmente contra o inimigo implacável que é o paganismo. No sentido primeiro do termo, o pagão, *paganus*, é o camponês ligado a este mundo, até mesmo apaixonado por esta terra de onde ele vem. É essa a luta contra as "Trevas". Uma negação daquilo que liga o humano ao húmus, a suas raízes, que é desejável esquecer a fim de ter acesso ao paraíso celeste.

É essa a origem da luta contra o naturalismo: o mundo é o reino do Mal. O mundo é o inimigo irreconciliável do príncipe celeste e de seus seguidores[12]. O mundo é o lugar em que reina Satanás ("rei deste mundo") e onde tudo obedece a ele. Por isso, é lutando contra ele que poderemos ter acesso ao Reino de Deus – ou Reino do Céu. Céu que podemos compreender no sentido estrito de um ponto de vista religioso, ou que pode ser, *lato sensu*, o céu das ideias: utopias, sociedade perfeita, luta de classes e diversas "lógicas do dever ser" da mesma natureza.

Nos dois casos, o que se recusa ou se nega – aqui correspondem à mesma coisa – é a *suficiência*, a autossuficiência da natureza. De uma natureza que o pecado não destruiu. Pois, na ótica dos seus detratores, o pecado, o mal, a disfunção etc. a macularam para sempre. Como consequência, sem a graça, o homem decaído não pode se salvar. Max Weber mostrou muito

---

12. Ver, por exemplo, Ernest Renan, *Vie de Jésus*, Paris: Calmann-Lévy, 1882, p. 120, e Gilbert Durand, *Sciences de l'homme et tradition: le nouvel esprit anthropologique*, Paris: Sirac, 1979, p. 229.

bem a relação que existe ente a "ética protestante e o espírito do capitalismo". Assim, sem a ajuda dessa forma de Deus que é o Estado-providência, não existe salvação possível. Nos dois casos, a natureza-mundo é um mal que é preciso erradicar a fim de restaurar o homem decaído em sua dignidade primeira: celeste ou cultural.

Podemos acrescentar algo que está longe de ser irrelevante: a luta contra o naturalismo característico "deste mundo" é a obra de um princípio masculino que, na longa duração, declarou guerra ao princípio feminino, à alma da terra, em suma, à terra-mãe. Lembremos, nesse aspecto, as expressões significativas que descrevem o poder da razão soberana. Em grego, *logos spermatikos*; em latim, *ratio seminalis*. É o poder masculino que gera, que, portanto, está na origem de todas as coisas.

A ação vem do exterior. É ela que fecunda. À imagem do Deus que cria o mundo, o princípio masculino age *ab extra*. Ele é, por isso, *imago dei*. À imagem de Deus, ele age, cria, desenha, sem se preocupar muito com o poder feminino, que convém limitar, desprezar, até mesmo aniquilar. É justamente sob essa ótica que é preciso compreender, na longa duração, a luta contra o naturalismo e o poder das divindades femininas. Pouco a pouco, o *patrimônio* substituiu o *matrimônio*[13].

Convém, certamente, relativizar, observar que também existem inúmeras exceções à regra, mas ela tende a privilegiar o princípio masculino. Ele é o centro nervoso da tradição semita, que encontra seu apogeu na ideologia e na ideosofia

---

13. Ver Michel Maffesoli, *Matrimonium: retour à l'essentielle nature des choses*, Paris: CNRS, 2010, e Hélène Houdayer, *L'Émotion écologique: essai sur les formes du vivre ensemble mésologique*, Paris: Édilivre, 2016.

modernas. Talvez seja por isso que se pode compreender a predominância de um "ego" soberano e de seu transcendentalismo. Isto é, de um indivíduo que projeta o sentido na distância e se projeta (existencialmente, politicamente, socialmente) no futuro. É a filosofia de uma História confiante em si mesma, base de todos os sistemas sociais criados no século XIX. Sistemas que, não nos esqueçamos, são a expressão profana de um messianismo da tradição judaico-cristã[14].

Em suma, só tem sentido o que tem um sentido. Tudo tem de ter uma finalidade distante. A vida (individual ou coletiva) só tem sentido se ela se projeta em função e a partir da Razão (*spermaticos, seminalis*). Isso permite definir a ideologia, oriunda de tal princípio masculino, como essencialmente "espermática". O que o antropólogo Gilbert Durand percebeu muito bem quando, para caracterizar o "imaginário diurno" do Ocidente, ressaltou alguns "objetos contundentes" de extrema importância: o gládio, que corta (símbolo da razão que divide); a relha do arado, que penetra na terra (símbolo do produtivismo); e o falo ereto (símbolo da supremacia da ação masculina).

Separar a Luz das Trevas. Dicotomizar a natureza e a cultura. Opor o corpo e a mente, o material e o espiritual. Inúmeras são as manifestações do "corte ontológico"[15] que culmina na modernidade. Corte: causa e efeito de um mundo fragmentado que marcou profundamente a episteme moderna. Corte entre um subjetivo dominante, o sujeito que pensa e que, consequentemente, age, e um objetivo que deve ser submetido àquele por meio da construção. Esse corte foi o bê-á-bá

---

14. Ver Karl Löwith, *Histoire et salut*, Paris: Gallimard, 2002.

15. Gilbert Durand, *Sciences de l'homme et tradition, op. cit.*, p. 199.

da filosofia da educação. Nós o encontramos na ação política característica da "forma" partido, assim como no centro de uma vida social em que prevalece a ação dominante de uma tecnocracia totalmente alheia às preocupações específicas da vida cotidiana.

Essa verticalidade, hoje em dia cada vez mais questionada, é justamente o que produziu a performatividade dos tempos modernos. Para retomar uma metáfora conhecida, a ação prometeica sobre o mundo se baseia numa ideologia da *cisão*. Portanto, o homem é considerado fora da natureza; e a vida comum, em sua forma social, econômica ou política, é regida pela lógica do "dever ser". Ou seja, não por aquilo que ela é de fato, mas por aquilo que ela idealmente "deveria ser".

O naturalismo baseado na correspondência, no relacionamento e na reversibilidade é substituído por um dualismo rígido. Assim, numa perspectiva cartesiana, o corpo e a alma existem de maneira separada, como "substâncias" paralelas. Desse modo, a ação recíproca, fundamento da solidariedade orgânica característica das sociedades tradicionais, é substituída por relações sociais automáticas que levam à *solidão gregária*, característica essencial da cidade moderna.

Fragmentação observável na barreira existente entre *homo naturalis* e *homo civilis*. De *simplex*, o ser humano se torna *duplex*. O que o leva a colocar por trás do muro da vida privada os afetos, as emoções e as diferentes paixões, enquanto a vida pública é dominada pelo reino não compartilhado da razão. Foi essa cisão que fez com que se considerassem os estados pulsionais absolutamente amorais, uma vez que, justamente, eles são naturais. É esse corte que parece muito questionado pelo forte retorno do emocional e das diferentes manifestações de empatia. O famoso "muro da vida privada" se racha. E, em todas as esferas, o retorno generalizado dos efeitos naturais tende a prevalecer.

Poderíamos dizer, porém, que a sociedade oficial e a *intelligentsia*, que supostamente deveria dizer o que ela "deve ser", continuam obcecadas com um menosprezo transcendental, um desprezo histérico frente ao mundo que elas seguem considerando imundo. O *mundus est imundus* de Santo Agostinho continua atormentando o inconsciente coletivo da modernidade. Em todo caso, pelo menos o das elites, que, quer saibam, quer não, está à espera de uma criação renovada. Essa "restauração universal" que, no Evangelho, deveria significar a volta do Messias.

Como eu disse, esse messianismo pode assumir formas filosóficas, políticas e mesmo literárias. Porém, em cada um desses casos, já que o verdadeiro mundo está alhures, é preciso esquecer que somos apenas filhos "desta terra". O que acaba gerando esse ser humano ressentido ou, para dizer de uma maneira menos rebuscada, o intelectual ranzinza que, tomando como referência um mundo utópico que ele gostaria de materializar, dedica-se a criticar duramente a vida tal como é, tal como se apresenta.

Um pequeno exemplo disso é a famosa cena em que Jean-Paul Sartre, protótipo do intelectual moderno, mostra, em *A náusea*, como a visão da raiz de uma árvore provoca em seu herói um impulso suicida. O nada cria a "náusea". Embora o nada, enquanto matriz, seja exatamente aquilo que dá vida. As raízes não são, justamente, o símbolo do crescimento vegetal e, portanto, da vida? Quanto a isso, permitam-me evocar um oximoro sugestivo: o enraizamento dinâmico! A força (*dynamis*)

44

das coisas e a ordem do mundo dependem da qualidade das raízes, fundamento e fundação deste mundo.

Mas é porque existe esse desprezo, esse desdém (encontre, caro leitor, o termo adequado) pelo naturalismo, em nome de um culturalismo totalmente abstrato, que, para o burguesismo moderno, as coisas naturais são torpes. Como diz o antigo ditado: *naturalia sunt turpia*. A "náusea" sartreana é um bom exemplo disso. Um pouco aguda, ela pode ser reencontrada em menor grau no temor difuso e onipresente diante do natural, da natureza e, numa palavra, da animalidade, que, no entanto, é um dos componentes da naturalidade humana. De fato, é em nome do culturalismo que nos dedicamos a domesticar o animal humano ou, para retomar um termo que constitui o fio condutor da obra de Norbert Elias, a "curializá-lo".

Os efeitos perversos desse culturalismo são e se tornarão cada vez evidentes. Basta lembrar sua origem: a negação do espaço em nome de uma ideosofia da História confiante em sua linearidade, fundamento do mito progressista que chega ao auge no século XIX. Isso cria uma dogmática do tempo e da História que relativiza, ou confina ao mínimo possível, o espaço e a terra. Recordemos o aforismo de Hegel: "A história universal é o tribunal do mundo [*Weltgericht*]"[16]. Não seria possível expressar melhor a dimensão judicativa da História, ou seja, o culturalismo que nega qualquer existência ao naturalismo.

É esse desenraizamento que conduz, inevitavelmente, à húbris, esse orgulho desmedido que, da dominação, leva à

---

[16]. Friedrich Hegel, *Leçon sur le droit naturel et la science de l'État*, Paris: Vrin, 2002, p. 278. Tomo a liberdade de remeter a um de meus livros: Michel Maffesoli, *La Violence totalitaire, op. cit.*, cap. 3, pp. 445-537.

devastação do mundo. Na verdade, a consequência natural desse orgulho destruidor é a recusa do limite e da determinação. Sabemos que para os romanos a *determinatio* era a pedra que, ao delimitar um campo, permitia que esse limite o tornasse fértil em relação ao infinito do deserto. No ideal de harmonia do mundo antigo, era esse orgulho (*hybris*) ou a soberba (*superbia*) que rompia tal equilíbrio, nascido da natureza das coisas.

É exatamente isso que o fragmento 12 de Heráclito ressalta: toda *poesis* depende sempre da *physis*. O fazer (*poien*) toma a natureza (*physis*) como medida do seu agir. Ele simplesmente atualiza, por meio do gesto produtivo, o que está em potência na natureza, o que espera ser realizado. É o que, à sua maneira, Heidegger enfatiza ao observar que "o homem não é o senhor do ente. O homem é o Pastor do Ser"[17]. Mas, nesse "menos", ele ganha. Ganha a harmonia própria das sociedades orgânicas, cuja perda se faz sentir dolorosamente hoje em dia.

A reversibilidade orgânica entre o homem e a natureza não consiste em ter um "mundo ambiente", pois tê-lo remete à posse e à dominação. Mas, na verdade, consiste em estar em um ambiente, parte integrante de algo que nos ultrapassa e de que somos membros. O que está muito claro na noção de "proxêmica" desenvolvida pela Escola de Palo Alto, ao evocar a interação existente entre cada pessoa, a comunidade na qual e graças à qual ela vive, e o lugar em que essa pessoa e essa comunidade se desenvolvem. É o centro nervoso da abordagem ecosófica.

Interação que eu resumi ao lembrar que o lugar faz o elo!

Por mais que isso possa parecer paradoxal, é a recusa, até mesmo a rejeição, do naturalismo antigo pelo culturalismo

---

17. Martin Heidegger, *Lettre sur l'humanisme*, Paris: Aubier, 1964, p. 109: *"Der Mensch ist nicht der Herr des Seienden. Der Mensch ist der Hirt des Seins".*

moderno que leva à hegemonia de um materialismo míope. Materialismo que não se resume na afirmação de que tudo é matéria ou, ainda, que o espiritual não existe, mas na sustentação de que a essência da vida em sociedade é a consequência da produção, do trabalho do homem sobre a natureza. Não nos esqueçamos de que, para Karl Marx, a figura emblemática por excelência é "Prometeu libertado", figura simbólica do produtivismo moderno, depois do economicismo que domina o burguesismo – seja ele liberal ou socialista. A predominância da "infraestrutura" (econômica) sobre a qual repousa o conjunto da vida social encontra no "fazer" desligado de qualquer contingência natural sua fonte principal.

É essa *indeterminação* em relação a um lugar e a uma comunidade à qual esse último serve de suporte (talvez fosse melhor dizer que serve de "fundação"), essa liberdade desenfreada (*hybris, superbia*), que vai em linha direta da dominação à devastação – do mundo e das mentes. O que podemos observar na atmosfera mortífera que caracteriza o período atual, situado entre uma época que termina – a decadência moderna – e uma época em gestação – o renascimento pós-moderno.

Na verdade, de tanto negar o naturalismo, isto é, a importância do lugar, do espaço, do território etc., em função da utopia do que "deveria ser" uma sociedade perfeita, chegamos à crise. E no seu sentido mais forte: um momento em que não temos mais *consciência* daquilo que somos e, portanto, não temos mais confiança naquilo que somos. Na origem dessa crise está o universalismo, que tende à abstração. Que está na origem dessas "empresas globais" que visam a unificação (política, econômica, cultural). Unificação feita "de cima". Para fazê-lo, tentam destruir o que existe do "localismo", a saber, o enraizamento (econômico, cultural etc.) que se baseia no ajuste das diferenças, particularmente culturais[18].

Com a globalização abstrata, uma "Cosmópolis" racional tende a tomar o lugar de uma "cosmogonia" predominantemente emocional na qual os sonhos, os mitos e as diferentes lendas contribuíam com essa solidez orgânica, unindo, numa mistura fecunda, a natureza e a cultura. Foi o corte ontológico entre essas duas entidades que criou um "estar-junto" que a vida abandonou. Um bom sinal desse abandono são as incontáveis lenga-lengas sobre o "viver-junto" proferidas pelos donos do poder ou pelos papagaios do pensamento oficial. Trata-se de fórmulas mágicas estéreis, ou melhor, de antífrases que traduzem o fato de que a vida em comum se tornou cada vez mais uma abstração.

Existe organicidade quando, para retomar as expressões clássicas, a *natura naturata* está em harmonia com a *natura naturans*. Quando o que é visível apresenta uma ligação íntima com o invisível. A modernidade limitou-se a agir sobre a natureza, considerada um objeto inerte, sem levar em conta o que ela continha de potência invisível. A *natura naturans* é essa energia secreta e subterrânea que assegura a sobrevivência da espécie por um longo período. Uma força vital que, nas sociedades tradicionais, oferece as bases para toda vida em comum. Justamente por ela lembrar a dependência de toda vida social em relação ao ambiente natural que lhe serve de suporte, de "fundação". O animismo, que o racionalismo pensou ter ultrapassado, é a forma simbólica que une as relações e os lugares sociais.

---

18. Ver, a esse respeito, Jan Assmann, *Religio Duplex: comment les Lumières ont réinventé la religion des Égyptiens*, Paris: Flammarion, 2013, p. 131; sobre a *natura naturata*, p. 113.

O que nos faz recordar a observação inteligente de Joseph de Maistre: "Nós acusamos os antigos de *animar* todos os elementos da natureza. A posteridade talvez nos acuse de destruir todos"[19]. O que está em jogo na sensibilidade ecosófica pós-moderna é realmente a "reanimação" da vida social por meio do reconhecimento da força vital que anima a vida natural. O aspecto "naturante" da natureza está reencontrando um vigor inegável no desejo difuso pelas diversas formas de "orgânico", numa produção agrícola que ressalta o aspecto "sustentável", num comércio que queremos cada vez mais justo ou ético, em suma, na volta de uma atmosfera naturalista cujo motor essencial são as ideias de compartilhamento, de reversibilidade e de cooperação.

No ir e vir das histórias humanas, com a semiconsciência de uma destruição irreversível do dado mundano, são numerosas as iniciativas que retornam a ideias-mãe. No caso, a natureza como reserva orgânica de toda vida em conjunto. Por isso, é interessante notar que a técnica, que tinha contribuído para o desencantamento do mundo, é um elemento primordial do seu reencantamento. As redes sociais, em particular, por meio dos fóruns de discussão, *blogs* e *tweets* diversos, difundem bastante essa sensibilidade ecosófica pós-moderna: a saturação do *progressismo* devastador em proveito de uma *progressividade* respeitosa da organicidade natural, atenta a seu aspecto "naturante".

Por falta de competências pessoais, só posso apontá-la aqui de maneira alusiva. Mas podemos comparar o reconhecimento

---

19. Citado em Marc Froidefont, *Théologie de Joseph de Maistre*, Paris: Garnier, 2010, p. 90. Sobre o animismo, ver Émile Durkheim, *Les Formes élémentaires de la vie religieuse*, Paris: CNRS, 2005, e Jérôme Blanchet-Gravel, *Le Retour du bon sauvage: la matrice religieuse de l'écologisme*, Montreal: Éditions du Boréal, 2015.

da energia específica própria da natureza "naturante" com a relação existente, nas sociedades tradicionais, entre a comunidade e seu ambiente natural. Uma relação feita de respeito, de recato e, poderíamos dizer, de afinidades íntimas. Respeito que convém compreender no sentido primeiro do termo: *respicere*, olhar para trás. Respeito que reconhece, portanto, que se trata de lançar olhos na direção daquilo que é uma espécie de refúgio. O olhar voltado para as raízes, na medida em que elas propiciam, em um longo período, a proteção. Respeito, portanto, feito de consideração, e que produz um relacionamento fecundo, já que garante, nesse longo período, a essência da comunidade.

Em seu livro clássico sobre o totemismo, Frazer mostra todas as consequências desse respeito pelo totem, animal que não se mata, planta que não se colhe, quer seja um "totem clã", da tribo, o "totem sexual" de um dos dois sexos, ou mesmo um "indivíduo totem", de um membro do grupo[20]. São esses diferentes respeitos que asseguram uma forma de equilíbrio global, evitando assim a húbris e o excesso destrutivo.

Em suma, o relacionamento com os diversos elementos da mãe natureza, por causa de sua consideração pelo dado mundano, garante a proteção tanto da espécie como do seu suporte natural. Um equilíbrio global que vamos reencontrar no "holismo" da *deep ecology* contemporânea, nos livros ou filmes de ficção científica (como *Avatar*, um exemplo muito ilustrativo) e nas práticas espontâneas das jovens gerações, que, por meio de tatuagens, *piercings* e roupas étnicas, enfatizam uma relação respeitosa com os elementos primordiais ou, poderíamos dizer, originários de toda existência mundana.

20. James G. Frazer, *Le Totémisme: étude d'ethnographie comparée*, Paris: Schleicher, 1898, p. 4.

Esse respeito pela natureza essencial das coisas é ressaltado por um arguto observador do Brasil no final do século XIX. Ele nota, a propósito das aves, que os indígenas brasileiros consideravam uma prova de "excesso insaciável" o costume dos europeus de consumir ovos. Desse modo, "uma saudável precaução na escolha dos alimentos lhes tinha ensinado a respeitar os meios de reprodução"[21].

Esses exemplos, unicamente a título de ilustração, mostram que os povos detinham uma sabedoria imemorial, incorporada a partir da experiência tradicional, que reconhecia o respeito pelo naturalismo como a melhor garantia de uma produção equilibrada e, portanto, de uma produção confiante em si mesma. Digo "saber incorporado" para ressaltar que não se trata dos habituais raciocínios específicos de uma *intelligentsia* desencarnada e sempre crítica diante da naturalidade do mundo tal como é, e, sim, de uma cogitação concreta a partir da experiência tribal. Cogitar, *co-agitare*, pôr em relação os diversos elementos do dado mundano e, consequentemente, agir da maneira adequada em função de uma inteligência enraizada nas tradições ancestrais. O que, de maneira contrária aos autores arrogantes que intimidam o universo, ajuda a reanimar o instinto das verdades antigas.

Nesse respeito pelo naturalismo tradicional, estamos longe da ideologia da transparência que predominou na modernidade: a frase de mil e uma utilidades "tudo é claro", que traduz, na verdade, que é o contrário que está em jogo. Desse ponto de vista, um comentário de Kant é particularmente instrutivo: "Talvez jamais se tenha dito algo mais sublime

---

21. Ferdinand Denis, "Brésil", em: Ferdinand Denis e C. Famin, *L'Univers: histoire et description de tous les peuples*, Paris: Firmin Didot, 1863, pp. 17-18.

ou exprimido uma ideia de maneira mais sublime que nesta inscrição esculpida no templo de Ísis (mãe natureza): 'Eu sou tudo que é, tudo que foi e tudo que será, e nenhum mortal levantou meu véu'"[22].

A figura mítica de Ísis é paradigmática: mãe natureza em sua eternidade, cujo véu não pode ser levantado, isto é, que nenhum mortal pode violar. O gesto de levantar o véu – *apokalupto* – tem, no caso, conotação sexual. O que está em jogo, tanto na vida social como na natureza, é a importância do secreto. Do secreto como reserva de vida. Não é isso que se exprimia na tradição filosófica, de antiga memória, através do termo *discretio*? Que traduzimos por discrição, mas que remete mais à capacidade de discernimento, aquilo que permite evitar o excesso e suas consequências devastadoras.

O secreto-discreto é o mundo subterrâneo. O aspecto invisível e, no entanto, fundador da natureza "naturante". Centralidade subterrânea, lençol freático, subsolo da vida. Tudo isso ressalta a importância dos mistérios que desempenham, na obra de Mozart, o papel que sabemos. Lembramos sua ideia obsessiva de *La Grotta*, nome de uma loja maçônica que ele queria fundar[23]. Seja como for, todas essas referências ao subterrâneo e à *discretio* que convém ter chamam a atenção para a importância do húmus como garantia do crescimento e da eflorescência de todas as coisas. Ou ainda do dialogismo que existe entre a vida e a morte, a gênese e o ocaso, como

---

22. Immanuel Kant, *Critique de la faculté de juger*, Paris: Gallimard, 1995, §49, p. 303.
23. Ver Jan Assmann, *Religio duplex, op. cit.*, p. 128; ver também Michel Maffesoli, *Le Trésor caché: lettre ouverte aux francs-maçons et à quelques autres*, Paris: Léo Scheer, 2015; e Céline Bryon-Portet e Daniel Keller, *L'Utopie maçonnique: améliorer l'homme et la société*, Paris: Dervy, 2015.

elementos estruturais da natureza humana, em particular, e da natureza, em geral.

Existe uma espécie de maniqueísmo no culturalismo moderno, mais ou menos inconsciente, mas absolutamente incontestável. Com os termos emprestados ao maniqueísmo clássico, ou com outros, ele defende que existe uma queda original e uma servidão na matéria natural, mas que ali podem ter lugar uma libertação e uma volta à Perfeição (seja ela celeste ou terrena). Em suma, a Natureza é o reino das Trevas. É preciso ultrapassá-la, corrigi-la ou reformá-la. É essa a "lógica da dominação", centro nervoso das teorias da emancipação que, do messianismo cristão aos modernos movimentos de libertação, marcaram a ideologia ocidental.

Em outras palavras, é a eterna luta entre Apolo, divindade uraniana cujo ideal são o céu e o cérebro, e Dionísio, chamado de *ctônico*, ou seja, engajado na reabilitação deste mundo. É uma divindade "autóc-tone" ligada à terra e aos seus prazeres. Na perspectiva apolínea, trata-se de lutar contra o corpo, o "corpo túmulo da alma" (*soma sema*). E, da mitologia grega à hagiografia cristã, há muitos deuses, heróis ou santos chamados de "sauróctonos" (matadores de lagartos, de dragões e de dragões alados). Cavaleiros destemidos que representam a Luz, eles combatem o Príncipe das Trevas. É o culturalismo combativo em ação.

Do outro lado, a sensibilidade dionisíaca, que podemos denominar ecosófica, celebra o corpo e os sentidos. É uma *encarnação* da divindade que, de Dionísio a Cristo, lembra que a Terra e o mundano podem ser um tesouro que permite o desabrochar da alma. É perfeitamente compreensível que essa *encarnação* tradicional seja auxiliada pelo desenvolvimento tecnológico. Por isso, inúmeras plataformas colaborativas na internet divulgam essa sensibilidade naturalista ao compartilhar informações, discussões e debates que celebram o culto ao corpo e ao espírito.

Um "corporismo" espiritual que ressalta que, para além do racionalismo do pensamento instituído característico da sociedade oficial, na verdade, é uma razão sensível que, subterraneamente, está em ação na sociedade *oficiosa*. A única que está em harmonia com o espírito do tempo.

Espinosa (*Ética*, I, apêndice) observa, com a ironia sutil e lúcida que lhe é peculiar, como a doutrina idealista pôs "a natureza no avesso. Pois aquilo que, na verdade, é causa, ela considera consequência, e vice-versa". É exatamente isso que é a ideosofia (ou ideologia) moderna. De maneira unilateral, considera-se que a ideia (o "eu penso") criou a natureza e a totalidade do mundo. Enquanto, numa perspectiva multilateral, poderíamos dizer que, por meio do retorno ao Real, o filósofo lembra que a coisa é mais complexa: *Deus sive natura*. Deus, quer dizer, a Natureza. Eis aí, justamente, um materialismo místico, em que a interação e a reversibilidade desempenham um papel não desprezível. Unicidade de atributos extremamente diversos que entram em conexão e constituem, assim, a mais perfeita das harmonias.

A concepção antropomórfica da natureza e o delírio de grandeza que ela instaura parecem estar chegando ao limite. Está em gestação uma espécie de animismo pós-moderno que, como uma espiral, reinveste os cultos naturalistas das sociedades tradicionais. O que isso quer dizer senão que, ao contrário das teorias finalistas de que acabamos de tratar, o que caracteriza a "mundanidade", este mundo, é precisamente uma sucessão de ciclos regulares, períodos variados e complementares nos quais, a exemplo daquilo que constitui uma carreira humana, a "carreira" social é feita de vidas e mortes, de declínios e renascimentos, de calmarias e despertares? É longa a lista de épocas que tiveram, cada qual, uma realização específica, e o conjunto constitui uma sequência de sucessivas realizações.

O que, entre parênteses, proíbe de fazer qualquer julgamento que seja sobre aquilo que chega ao fim. Basta reconhecer que, com seus erros e acertos, o que foi, foi; uma maneira de aceitar que o que é, é. Desse modo, não podemos dizer, prosseguindo com a metáfora, que a História, longe de estar segura de si mesma, longe de ser uma História finalizada, não passa de um eterno palimpsesto? Que ela é feita de camadas sucessivas? Talvez seja preciso saber raspar esse palimpsesto para encontrar um texto original. Que certamente será, por sua vez, recoberto por outra história (lenda) das que a humanidade adora contar. Não há dúvida de que o reconhecimento do movimento pendular é uma prova de lucidez e de uma autêntica humildade.

É assim que o antropomorfismo cultural, havendo realizado o que tinha de realizar, tende a passar o bastão a outra maneira de estar no mundo. É o que chamamos, com muita propriedade, de mudança de paradigma. Com seu subjetivismo exagerado, ele tinha reduzido o ser humano a um *sujeito* individual que devia agir sobre um *objeto* inerte, a natureza, que é preciso dominar e explorar. Retomando aqui, como amador, uma frase de Heidegger, talvez seja por isso que o "humanismo não coloca suficientemente alto a *humanidade* do homem"[24].

---

24. Martin Heidegger, *Lettre sur l'humanisme, op. cit.*, p. 75.

Na verdade, em sua diversidade de significados, o humanismo moderno privilegiou aquele que destaca a "apreensão" da natureza. O ato de submetê-la à razão ordenando que ela apresente seus motivos de ser e, como o pirata que apreende outro navio, sequestrando seus bens pessoais. É por isso que se imaginou que o reino da técnica deveria estar unicamente a serviço da produção, da economia e mesmo da financeirização do mundo. Jean Baudrillard, com a perspicácia que as pessoas lúcidas lhe reconhecem, chamava isso de "espelho da produção"[25].

Espelho que, ao ressaltar apenas a economia e seu duplo, o "materialismo histórico", é extremamente ilusório! Uma ilusão produtivista que considera – acredita? – que o ser humano cria a si próprio, do mesmo modo que ele supostamente cria a natureza. Em certo sentido, é o homem como avatar da divindade.

Contudo, uma série de sinais nos mostra, diariamente, que essa obsessão produtivista está ultrapassada. Rotação da técnica (*Kehre*, a reviravolta heideggeriana) que, com a ajuda dos meios de comunicação interativos, contribui para reencantar o mundo, para voltar ao originário maravilhoso da "harmonia" naturalista.

Por isso, para além de um "princípio de realidade" puramente economicista, assistimos ao surgimento de um "Real" bem mais rico. Um pouco à maneira da *Fata Morgana*, a fada que na lenda arturiana tinha o poder de erguer os palácios sobre as ondas. Ou ainda algo comparável à cena em que Goethe faz Fausto, o prometeico, descer ao "Reino da Mãe"

---

25. Jean Baudrillard, *Le Miroir de la production ou l'illusion critique du matérialisme historique*, Paris: Casterman, 1973, e Michel Maffesoli, *Le Réenchantement du monde: une éthique pour notre temps*, Paris: Éditions de la Table ronde, 2007.

(*Fausto, II*) para que ele reencontre, na matriz, a energia que seu ativismo ("Fausto" = punho) lhe fizera perder. São todos símbolos. De quê? De uma biosfera que não se deixa mais manipular ou manobrar. *Strictu sensu*, natureza que não temos mais "à mão", mas com a qual é preciso contar.

É isso que está em jogo na sensibilidade ecosófica. Outra maneira de dizer a "invaginação do sentido" por meio da eflorescência dos sentidos.

3.
RETORNO
AO REAL

Die Rose ist ohne Warum.
Sie blühet, weil sie blühet.[26]

ANGELUS SILESIUS

Ao contrário das palavras irreais – as *unreal words* de que fala o cardeal John Henry Newman –, é preciso ter a acuidade de um olhar desiludido, a lucidez de uma abordagem autêntica ou o pensamento inexorável do poeta para apreender a simplicidade das coisas. De fato, "a rosa não tem porquê, floresce porque floresce", não presta atenção àquilo que ela é e, *a fortiori*, não se preocupa de modo algum em saber se nós a vemos!

Se existe algo urgente, é justamente uma relação com o Real que seja capaz de entender o retorno do processo de *harmonia*. Aquele que o poeta celebrou. Aquele que, vivido no cotidiano, pede para ser penetrado. Mas o pensamento não é, justamente, uma intuição? Quando, depois da longa ausência que todos conhecemos, Ulisses volta para casa, seu cachorro o "pensa", isto é, o fareja. E esse ato de farejar pode ser feito porque existe um "retorno" para trás: para o tempo em que ele conhecia seu dono. É o retorno às origens, às raízes, que permite encontrar, sempre, as palavras pertinentes capazes de entender o que existe. É aí que está o segredo do pensamento *radical* que sabe compreender a progressividade das coisas, isto é, o devir simbólico do mundo.

26. A rosa está sem sua razão de ser./ Se floresce é porque floresce. [N.E.]

Por isso, para compreender em profundidade o holismo ecosófico, é necessário detectar a metamorfose em curso da mente humana, que passa do "eu quero", próprio da ação agressiva sobre o mundo, ao "eu sou" da criança, para quem o que existe é tal como é. A "rosa sem porquê" ou o retorno da eterna criança, eis o que constitui, "além do bem e do mal", para retomar uma visão profética de Nietzsche, um "sim" dionisíaco àquilo que é[27]. O que permite explorar, com uma nova relevância, essa *anima mundi* cuja atualidade recomeçamos a descobrir.

Retorno à origem. Retorno às fontes que permitem compreender a permanência da união entre o espiritual e o corporal. É isso o naturalismo ou "realismo" integral. Aquilo que induz, de encontro ao "eu quero" agressivo e à sua paranoia construtivista, uma atitude completamente diferente, feita de respeito que, como assinalei, está profundamente enraizada no imaginário coletivo.

Verecundia, em latim, *aidos*, em grego, que estavam na origem de um humanismo que não se restringe ao ser humano individual, mas que respeita a totalidade da natureza. Respeito feito de moderação, pudor e também de modéstia. Respeito que mostra discrição, consideração e recato diante da estranha estranheza da coisa natural. É a partir dessas virtudes humanas que podemos ser capazes de pensar, da maneira mais justa, a interação analisada por Gilbert Durand ou Edgar Morin, que vai da culturalização da natureza à naturalização da cultura. Uma reversibilidade que, em vez de cindir a totalidade do ser, base do equilíbrio universal, lembra a união fecunda entre a razão e a imaginação.

---

27. Friedrich Nietzsche, *Ainsi parlait Zarathoustra,* em: *Œuvres philosophiques complètes,* v. 6, Paris: Gallimard, 1971, pp. 37-8.

Esse é o centro nervoso da imemorial sabedoria popular. Foi isso que garantiu a harmonia tranquila das sociedades tradicionais. Que garantiu as bases mais seguras de um viver-junto em conformidade com as suas fundações. "A ideia de fundação é aquilo que permite conservar não apenas o passado, mas, sobretudo, o futuro."[28]

Essas "fundações", que é preciso compreender no sentido primevo do termo, lembram que, certamente, no inconsciente coletivo – em todo caso, no inconsciente coletivo ocidental –, a corrupção e o sentimento de culpa decorrente do "pecado original" são muito onipresentes. E é isso que, em suas formas religiosas, morais e econômicas, gera aquilo que Heidegger chama de "vontade de potência". Isto é, a ideologia da ação que conduz à dominação do mundo e estabelece o homem "como senhor e dono da natureza". Mas esse ascetismo, causa e efeito, economicamente, do capitalismo moderno e, politicamente, das teorias de emancipação socializantes, não deve nos fazer esquecer que continua existindo, de maneira subterrânea, um "impulso vital" real, uma energia imbatível que expressa, na longa duração, a continuidade da espécie humana e, de maneira mais geral, da realidade "mundana".

Em outras palavras, podemos dizer que, em determinados momentos, essa energia reencontra a força e o vigor. O que podemos chamar, metaforicamente, de retorno ao substrato dionisíaco e a seu "orgiasmo" fundador. Então, o "contrato social", naquilo que ele tem de racional e construtivista, esse contrato que ressalta a produção de si e do mundo, dá lugar a um "pacto social" muito mais prudente que, de maneira

---

28. Edgar Morin, *Pour sortir du XXe siècle*, Paris: Nathan, 1981, e Gilbert Durand, *La Sortie du XXe siècle*, Paris: CNRS, 2010.

instintiva, dá um livre curso não desprezível às pulsões, às paixões e aos afetos variados não racionais que exprimem a totalidade do ser individual e cultural. Pois, como observa o filósofo, "a vida, em sua força primitiva, é mais profunda e mais plena que o processo de conhecimento"[29].

É justamente à vida que o naturalismo como *retorno* a um Real mais amplo se refere. Vida que se exprime, de maneira difusa, nas diversas formas de culto ao corpo, nas *modas* "étnicas", na preocupação com o qualitativo, coisas que têm consequências importantes na administração das empresas, no *marketing* e no consumo, assim como no desejo de um "bem-estar maior", um elemento essencial da atmosfera mental da vida contemporânea.

O corpo que é modelado nas salas de musculação, o corpo do qual cuidamos seguindo todo tipo de dieta, sem esquecer o corpo que enfeitamos em razão do desenvolvimento da moda. Inúmeras expressões de uma vitalidade primitiva que as instituições ascéticas modernas não conseguem mais reprimir, e que atribui novamente um lugar primordial ao desejo latente de "fazer da vida uma obra de arte".

É através disso tudo que se manifesta, novamente, aquilo que foi o naturalismo antigo, muito bem sintetizado na frase arrebatadora proferida por Plínio: "Salve, Natureza, mãe de todas as coisas!".

Antes de ser transformada em "objeto de museu", ou seja, antes de ser relegada aos lugares fechados que constituem os

---

29. Martin Heidegger, *"Ma chère petite âme": lettres à sa femme Elfride*, 1915-1970, Paris: Seuil, 2007, p. 144. Ver também Martin Heidegger, *Essais et conférences*, Paris: Gallimard, 1980, p. 103, e Michel Maffesoli, *L'Ombre de Dionysos: contribution à une sociologie de l'orgie*, Paris: CNRS, 2010.

museus, a arte no dia a dia exprimia exatamente isto: a vida inteira, em que o corpo e a alma, o material e o espiritual, se reuniam numa representatividade harmoniosa. Não era isso que podíamos observar na vida cotidiana, no pórtico das igrejas e das catedrais espalhadas por todas as cidades e vilas? Por exemplo, quem quiser meditar sobre o portal da Notre-Dame na Île de la Cité, em Paris, encontrará ali "o círculo das obras e dos dias". O botão-de-ouro, o trevo e a giesta estão reproduzidos com elegância, a beleza do mês de maio se revela na celebração dos pássaros e das flores, e tudo que na natureza lembra a *beata feconditas* tem lugar ali.

Pudemos observar que se trata ali de uma exaltação da natureza, das coisas da terra[30]. Trata-se, podemos dizer, da expressão de uma arte cotidiana que exalta, por meio do amor pela natureza e pela vida simples, a encarnação do divino. Uma espécie de "cosmoteísmo" em que Deus e o cosmo são uma coisa só. O que significa que, para alcançar aquele, é preciso se ajustar a esse. Por isso, estar em harmonia com o mundo, respeitar a natureza e amar esta terra constituem uma maneira de se aproximar da surpreendente e prodigiosa fecundidade de Deus.

"Cosmoteísmo". Era essa a posição dos estoicos. Sua sabedoria consistia em se adaptar ao mundo, e não em dominá-lo. Ajustar-se à necessidade da natureza a fim de fazê-la dar o melhor de si e, desse modo, alcançar a harmonia – essa era a essência das sociedades equilibradas. O retorno a um Real

---

30. Ver Émile Mâle, *L'Art religieux du XIIIe siècle en France*, Paris: Librairie Armand Colin, 1919, p. 69. Ver também Étienne Gilson, "Le Moyen Âge et le naturalisme antique", em: *Archives d'histoire doctrinale et littéraire du Moyen Âge*, v. 7, Paris: 1932, p. 23.

complexo é justamente a aceitação da animalidade no homem e da crueldade na natureza. Ao contrário de uma ideologia meio abstrata, a ecosofia nada mais é que uma maneira de viver o *enselvajamento do mundo* – e, portanto, de se proteger dele. Sabedoria humana da ritualização que, ao viver a ambivalência da natureza, elimina seus aspectos mais nocivos. Esse é o mecanismo bem conhecido da *catarse*.

É Aristóteles que, na *Poética*, utiliza o método catártico. Método: uma verdadeira caminhada a fim de se livrar dos medos naturais, representando-os e, portanto, vivendo-os. Trata-se de um verdadeiro ritual de purificação, que tem uma função muito terapêutica, a de se adaptar a este belo oximoro aristotélico: a natureza como "motor imóvel". O que, invertendo os termos, eu chamei de "enraizamento dinâmico" (título do meu doutorado, de 1978). Maneiras de denominar a fecundidade de uma natureza que não deixa, às vezes, de ser cruel.

À guisa de sopro poético, estes versos de Yves Bonnefoy que acompanham uma árvore pintada por Pierre Alechinsky num grande muro do Quartier Latin, em Paris, perto do Liceu Henrique IV:

> *Passante, olha esta árvore e através dela –*
> *pode bastar.*
> *Pois mesmo destruída e açoitada pelo vento,*
> *a árvore das ruas*
> *representa a natureza toda, o céu todo, o pássaro*
> *pousa nela,*
> *o vento mexe com ela, o sol exprime ali essa mesma*
> *esperança apesar da morte.*

Filósofo, se tiveres a chance de ter a árvore
na tua rua,
teus pensamentos serão menos torturantes,
teus olhos, mais livres,
tuas mãos, mais desejosas de menos noite[31].

Ao naturalizar a cultura, essa "árvore das ruas" lembra ao filósofo que as ideias abstratas não bastam para pensar a complementaridade da vida e da morte. Ao lembrar, ao mesmo tempo, o sofrimento e a possibilidade de repouso e de paz, a catarse poética é, na verdade, uma teoria dos *humores*: exprimir as paixões e os medos como corolário das razões e das alegrias significa, com essa *humildade*, reconhecer que o *humano* está cheio de *húmus*. Outra maneira de evocar a totalidade do naturalismo.

Tudo isso chama a atenção para a reversibilidade que o oximoro "razão sensível" põe em destaque: a saber, uma razão governada, controlada pelos sentidos. O que é, permitam-me lembrar ainda que de maneira alusiva, o fundamento mesmo do "realismo" de Tomás de Aquino: a capacidade de raciocínio orientada pelos cinco sentidos. *Nihil in est intellectu, quod non prius fuerit in sensu[32].* Trata-se da organicidade fecunda que existe entre a sensibilidade, a inteligência e a vontade. Uma vontade que não é mais, em sua ação extrínseca, totalmente livre, e sim dependente de raízes sensíveis. Uma interação que

---

31. *Passant, regarde ce grand arbre et à travers/ lui il peut suffire./ Car même déchiré, soufflé, l'arbre des rues/ C'est toute la nature, tout le ciel, l'oiseau/ s'y pose,/ Le vent y bouge, le soleil y dit ce même/ espoir malgré la mort./ Philosophe, as-tu la chance d'avoir l'arbre/ dans ta rue,/ Tes pensées seront moins ardues, tes yeux/ plus libres,/ Tes mains plus désireuses de moins de nuit.*

32. Não existe nada na mente que não tenha passado antes pelos sentidos. [N.T.]

reafirma a necessidade de fundamentos para todas as "fundações" – sejam elas pessoais, comunitárias ou sociais.

Em suma, o estoicismo popular reconhece a ordem justa do mundo. Reconhece e, evidentemente, aceita. Ordem que desejamos muitas vezes de maneira inconsciente. Desejo obscuro e confuso que constitui aquilo que sabemos ser – com um saber incorporado – o futuro predeterminado da humanidade em geral e das suas inúmeras comunidades em particular. Precisaremos retomar esse tema. Porém, ao contrário de uma História que controlamos, ideosofia própria à modernidade, a sensibilidade ecosófica está preocupada em se adaptar, o tanto quanto possível, à necessidade do Destino.

Existe aí uma sabedoria natural, "essa espécie de instinto da razão que é o senso comum"[33]. Nunca é demais insistir na importância do conhecimento comum, que provoca um curto-circuito na pretensão dos "sábios", para os quais o povo é naturalmente e invariavelmente estúpido. Daí a necessidade de uma "vanguarda", política, intelectual e social, que o eduque, que lhe inculque o que é preciso fazer e pensar. Como essa pretensão "educativa" é questionada cada vez mais pelos próprios povos, é comum estigmatizar essas revoltas tachando-as de "populismo".

Sem insistir nesse ponto, que analisei em outra parte (*Les Nouveaux Bien-Pensants*, 2014), basta lembrar que a desconfiança em relação à *intelligentsia* e a rejeição do saber e do poder vertical estão enraizadas justamente no "senso comum".

---

33. Jacques Maritain, *Le Paysan de la Garonne: un vieux laïc s'interroge a propos du temps présent*, Paris: Desclée De Brouwer, 1966, p. 129. Ver também Michel Maffesoli, *La Connaissance ordinaire: précis de sociologie compréhensive*, Paris: Méridiens Klincksieck, 2007.

Esse último significa ao mesmo tempo, no sentido mais literal da sua etimologia – *Koiné aisthésis* –, "todos os sentidos" e "o sentido de todos". Ou seja, por um lado, a ligação orgânica que existe entre a razão e os sentidos, e, por outro, a solidariedade orgânica que une todos os membros de uma comunidade entre si. Em suma, um conhecimento holístico oriundo de uma experiência coletiva, a experiência da comunidade.

Devo lembrar que experiência[34] vem de *espérir*, do francês antigo, morrer para si mesmo para nascer outro: nascer para um *self* maior constituído pela sedimentação tradicional e pelo ambiente natural. Ligação fecunda do tempo e do espaço que constituem o solo de todo viver-junto. Assim compreendido, o senso comum é, portanto, uma lei orgânica do dado mundano em sua dimensão social e natural, uma lei baseada na reversibilidade entre o espírito, a energia e a matéria. Outra maneira de exprimir o *corporeísmo espiritual* que está em ação no naturalismo popular.

Podemos dizer que existem dois princípios em ação dentro do movimento pendular que caracteriza o desenrolar das histórias humanas. O da *unidade*, que reduz o outro ao mesmo – aquele do indivíduo uno, de uma república una, de um Estado-nação uno etc. É justamente nesse princípio organizador que se baseou a modernidade. Mas existe outro princípio, o da *unicidade*. O princípio gerador desse último baseia-se na coesão possível de diversos elementos que guardam, cada um, sua especificidade. O indivíduo que se metamorfoseia na pessoa plural, a *res publica* que se baseia na tensão dinâmica das diferenças culturais, e o Estado que se baseia numa federação

---

34. Em francês, *expérience*. [N.T.]

com dimensões mais amplas. É essa unicidade, própria da pós-modernidade, que reencontramos naquilo que eu denominei anteriormente "cosmoteísmo". Ou seja, a interação que existe, no cosmo, entre e o micro e o macro.

Graças à intermediação desse "meio" (*mesocosmo*) que é a comunidade em que ele se situa, o microcosmo pode ter acesso ao macrocosmo natural que o rodeia. É esse o princípio da unicidade: não reduzir o Outro ao mesmo, atitude habitual do subjetivismo moderno, e sim estar atento ao "trajeto antropológico" (Gilbert Durand) em que o sujeito só é sujeito se souber responder às intimações objetivas da ordem natural que o rodeia. "Intimações" é uma palavra forte! Mas que, em todo caso, não remete à ideologia da liberdade nem às teorias da libertação que constituem a doxa do pensamento oficial.

Ao tomar o lugar do subjetivo livre de todos os laços afetivos, o "trajetivo" situa a pessoa numa dependência necessária. Dependência em relação à comunidade e dependência em relação ao lugar natural em que ela se encontra, o que é, de fato, uma pessoa *em situação*. Em poucas palavras: eu só existo sob o olhar do Outro, graças ao olhar do Outro. Portanto, é a alteridade que constitui a *ultima ratio* própria do relacionismo ecosófico.

Era assim que Augusto Comte considerava o que ele chamava de "Grande Ser". Uma maneira de denominar a interação existente entre a espécie humana e a espécie animal, sem esquecer a Natureza que lhes dá origem e permite o seu desenvolvimento. E esse todo dependente daqueles que tinham moldado a civilização por meio de sedimentações sucessivas. "Os mortos governam os vivos." Lógica tradicional que constitui a "religião da Humanidade", celebrada através dos "Grandes Homens", filósofos de todo tipo que nos permitiram ser o que somos.

Trata-se aqui do princípio gerador da inter-relação própria à organicidade do naturalismo. O mundo escuro da matéria entra em relação com a esfera luminosa do Espírito, graças ao claro-escuro que é a vida cotidiana. Trata-se de um mistério que desafia o racionalismo estreito, mas que é vivido instintivamente. É a evidência do Outro que constitui o ponto de partida do conhecimento de si. Uma dependência que permite que o "eu" se glorifique no "Nós": o da dependência deste mundo graças aos outros.

Trata-se de uma trans-subjetividade que não deixa de evocar o vaivém característico das três pessoas da Santíssima Trindade, mistério trino que pode nos ajudar a compreender a interação própria à sensibilidade ecosófica. Uma união consubstancial baseada em um movimento incessante[35] – *circumcession*, em latim; *pericorese*, em grego – que ressalta o vaivém, a dependência específica de um *ordo amoris* em que, para além do corte ontológico que é a nossa concepção habitual (e moderna) do mundo, pode existir um processo de afinidade: atração--repulsão característica da ordem natural. É isso, no sentido estrito, o *realismo* que não reduz o mundo a uma construção da mente, mas que leva a sério a *coisa* humana e natural como um processo de agregação em perpétua interação.

O corte ontológico é responsável pelos mecanismos de dicotomização, pela *bocalisation*[36] dos conhecimentos e, na

---

35. Ver Emmanuel Durand, *La Périchorèse des personnes divines – immanence mutuelle: réciprocité et communion*, Paris: Les Éditions du Cerf, 2005, e *Dieu trinité: communion et transformation*, Paris: Les Éditions du Cerf, 2016. Sobre *ordo amoris*, ver Max Scheler, *Six Essais de philosophie et de religion*, Fribourg: Éditions Universitaires Fribourg, 1996, e o posfácio de Patrick Tacussel em Auguste Comte, *Calendrier positiviste: système général de commémoration publique*, Paris: Fata Morgana, 1993.
36. O termo corresponde a uma concepção de fechamento das ideias. [N.T.]

vida social, por uma solidariedade automática extremamente abstrata. Todas essas coisas constituíram, com diferentes modalidades, o princípio organizador de todas as sociedades modernas. Suas formas acabadas são as instituições sociais racionais, o Estado-providência, a preponderância do economicismo, um ambiente materialista e a predominância do cientificismo. O conceito hegeliano de "separação" e o conceito freudiano de "corte" são os instrumentos privilegiados pelos influentes sistemas teóricos produzidos ao longo do século XIX, que se dedicaram a "sublimar" e "libertar" essa pobre natureza maldita, imperfeita e alienada.

Devemos nos lembrar que "Prometeu libertado" era a figura emblemática celebrada por Marx, precisamente pelo fato de simbolizar a luta contra a necessidade natural. Essa *ananké* à qual, segundo os estoicos, era preciso se adaptar. "Os ares da cidade libertam [*Stadtluft macht frei*]", alardeava o velho Marx, lembrando que a característica das teorias de emancipação era cortar as raízes que ligavam a humanidade a uma terra-mãe extremamente madrasta. E que aqueles que continuavam presos à gleba eram reacionários em potencial. Ou servos submissos. Pois a gleba, justamente, era a terra que os servos tinham de cultivar. Portanto, a libertação de todos esses laços estava em linha direta com o mito do progresso, que foi, ao longo dos séculos XVIII e XIX, a referência fundamental da episteme moderna.

Podemos salientar, por fim, que o lugar, o "tópico" de todas as teorias de emancipação, o que fazia delas o vetor de um progresso indefinido, era a dimensão vertical. Tudo tinha de vir do alto – do cérebro, do Estado, das instituições, do saber oficial, e poderíamos prosseguir com uma lista infindável de estruturas piramidais que supostamente garantiriam a felicidade do povo pobre e meio ignorante que era preciso conduzir a um paraíso distante, a uma sociedade perfeita cujo segredo apenas a vanguarda iluminada possuía.

A felicidade, uma "ideia nova na Europa", evocava o auge do Terror de Saint-Just. Para alcançá-la, era preciso utilizar todos os meios e, antes de mais nada, a coerção. Coações, pressões, tudo era válido – guilhotina, *gulag* e diferentes campos de reabilitação – para lembrar o aspecto deletério das tradições, para romper os grilhões da natureza e lembrar quão obscurantistas eram todos os vínculos que evocavam a ordem das coisas, ou seja, a solidariedade orgânica existente entre o indivíduo, a sociedade na qual ele podia se desenvolver e o território que lhes assegurava uma base incontestável e fecunda.

Na essência, o tópico moderno privilegia o *poder* vertical em detrimento da *potência* de base e da autoridade que lhe é peculiar. Lembremo-nos que a autoridade (*auctoritas*) é justamente aquilo que faz *crer*, a partir das raízes e da tradição. É isso que permite o florescimento das coisas, não a partir de uma criação *ex nihilo*, característica do criacionismo e do produtivismo um pouco paranoicos, e sim por meio de um acompanhamento e de um compartilhamento que sabe se adaptar àquilo que existe. Ou seja, ajustar-se a um dado natural que não podemos abstrair.

É esse paradigma autoritário que está ficando saturado. E, continuando com a metáfora, em todas as esferas a horizontalidade tende a substituir as diversas pretensões verticais.

É sob essa ótica que é preciso compreender a interdependência própria da organicidade da natureza. Interdependência em que as "palavras e as coisas" se articulam de maneira harmoniosa. Em que a ação humana não se isola das coisas naturais. A interdependência ocorre em função do "nomos da terra"[37], verdadeira lei de interação em que as palavras, as coisas e as ações se articulam mais ou menos secretamente, a fim de corresponder à dinâmica própria da essência da Natureza. Não devemos nos esquecer de que *Natura* é o particípio futuro, no feminino, do verbo *nascor*: aquilo que vai nascer, que está em vias de ser.

Portanto, aquilo que está sempre em evolução. Podem ocorrer, certamente, hecatombes provenientes da ação insensata dos seres humanos. A destruição ecológica é um exemplo diário disso. Porém, na humildade e na escuridão profundas, um novo broto pode crescer a partir das raízes. É por isso que aquilo que é incubado à sombra das tradições pode eclodir em segurança. E isso seguindo o caminho instintivo do Destino. Uma lei inexorável que acreditamos ultrapassada, mas que reencontra, hoje em dia, um renascimento surpreendente. O *progressismo* devastador e seu desenvolvimento agressivo dão lugar a uma *progressividade* que aposta num *enveloppementalisme*[38] muito mais respeitoso de um naturalismo enraizado.

Nele, a perfeição humana, social e natural não deve ser esperada num futuro hipotético e muito distante, mas está sempre nascendo: *natura*. De minha parte, chamei isso de "invaginação do sentido". Um sentido que não deve nada ao finalismo, mas que vive e se esgota a cada dia. Com o transcendente se tornando imanente, o que o poeta celebra em *As flores do mal* são as "correspondências" holísticas:

37. Ver Carl Schmitt, *Le Nomos de la terre*, Paris: PUF, 2001.
38. Termo em francês criado pelo autor, sem correspondente em português, para designar uma preocupação com a natureza, uma atitude menos agressiva em relação ao mundo. Contrapõe-se ao desenvolvimentismo exacerbado. [N.T.]

A Natureza é um templo onde vivos pilares
deixam às vezes soltar confusas palavras;
o homem o cruza em meio a uma floresta de símbolos
que o observam com olhares familiares.

Como os longos ecos que de longe se confundem
em uma tenebrosa e profunda unidade,
vasta como a noite e como a claridade,
os perfumes, as cores e os sons se correspondem[39].

No entanto, é preciso saber escutar essas "confusas palavras". Quando ocorre uma mudança importante de paradigma, como estamos obcecados pelos discursos proferidos pela doxa erudita – a do pensamento estabelecido –, não é fácil identificar o que está nascendo. Ou, ainda, o mais perto possível desse naturalismo que nos preocupa: não é fácil "saber escutar a grama crescendo". Isso não é concedido a todos, em particular à *intelligentsia* que parece, como acontece muitas vezes, ultrapassada pelos fatos. É isso que torna a heterodoxia não apenas útil, mas extremamente necessária.

Todos se lembram da distinção proposta por Pascal, em seus *Pensamentos*, entre o "espírito de geometria" e o "espírito de finura". Vamos retomá-la, em especial quando ele observa que, no espírito de finura, "trata-se apenas de ter um ponto de vista correto, mas ele tem de estar correto". Do mesmo modo, "o que faz com que os geômetras não sejam finos é que eles

---

39. *La Nature est un temple où de vivants piliers/ Laissent parfois sortir de confuses paroles;/ L'homme y passe à travers des forêts de symbole/ Qui l'observent avec des regards familiers// Comme de longs échos qui de loin se confondent/ Dans une ténébreuse et profonde unité,/ Vaste comme la nuit, et comme la clarté,/ Les parfums, les couleurs et les sons se répondent.*

não enxergam o que está diante deles". As coisas são tão delicadas e numerosas "que é preciso um sentido muito delicado e acurado para percebê-las"; ou, ainda, "temos uma dificuldade infinita em fazer sentir aqueles que não sentem por si sós" etc. A união correta do "espírito de geometria" com o "espírito de finura" é a garantia de um bom julgamento.

Também é preciso mobilizar os sentidos. Não os considerar elementos perturbadores, de qualidade inferior ou mesmo perigosa. A união do bom senso – dos bons sensos – com a reta razão é o que permite apreender, em sua totalidade, a complexidade do dado mundano. É exatamente isso que podemos ler no capítulo 31 de *O ser e o tempo*: "Compreender é inseparável de vibrar [*Verstehen ist immer gestimmtes*]"[40]. Saber é escutar. Lembro que compreender é apreender junto (*cum-prehendere*) *todos* os elementos que compõem o objeto que pretendemos analisar. Portanto, não estamos mais no corte, e sim numa dimensão "holística". Uma visão multilateral extremamente pertinente para apreender o aspecto complexo do Real. Não é mais a faceta econômica, política, natural ou social que simplesmente está em jogo, e sim sua interação contínua e dinâmica.

Daí a importância da "vibração", que permite entrar novamente em ressonância. O saber como uma espécie de sabor. Nessa perspectiva, a importância que se dá à tonalidade não é um sentimento subjetivo, mas, por assim dizer, o indicador barométrico dos humores do conjunto, dos sentimentos comuns, da consciência coletiva. Perspectiva que permite ultrapassar as dicotomias habituais mencionadas (corpo-mente, matéria-espírito etc.). Ultrapassagem que permite compreender profundamente a transformação social em curso.

40. Martin Heidegger, *Être et Temps*, Paris: Gallimard, 1986, p. 187.

Aliás, é instrutivo observar que são as vibrações um pouco arcaicas que reencontram uma inegável atualidade graças ao desenvolvimento tecnológico. A internet, de fato, agita-se com todos os compartilhamentos que encontramos nos fóruns de discussão, nos *blogs* e em outros *sites* comunitários. O "zumbido" também é essencial nas trocas do Twitter. Como sempre, existem coisas boas e ruins em todos esses "piados". Em muitos casos, isso revela as ideias pobres dos seus utilizadores. Mas isso não é o principal. Essas trocas incessantes são talvez – são certamente – a fase inicial de um saber coletivo em gestação. De uma "noosfera" global que é preciso compreender em seu sentido pleno: uma circulação geral de ideias que só pode ocorrer porque as emoções e os diferentes afetos participam do ato de conhecimento. O que resulta na antiga paixão interpessoal da sabedoria.

Sabedoria que está longe de ser individual, que é essencialmente coletiva. É isso que faz com que o compreender seja inseparável do "vibrar". É isso que, de maneira paradoxal, faz com que o desenvolvimento tecnológico contribua para um inegável reencantamento do mundo. É essa união do ouvir e do vibrar que também permite apreender as surpreendentes "correspondências" de que o poeta falou, e que reencontram força e vigor no inconsciente coletivo. É isso que permite compreender as formas explosivas das revoltas ecológicas ou, simplesmente, uma sensibilidade vivida no dia a dia.

Pois, se existe uma ruptura entre o naturalismo tradicional e a modernidade, isso é cada vez menos pertinente. Assim como o curso da vida segue na direção do seu destino sem que nada o impeça, assim também as "correspondências" naturais prosseguem em seu caminho inexorável. Daí, naquele vale alpino elevado nos confins do mundo, bem longe da multidão de turistas, as balizas de uma "trilha de interpretação" (*sic*) nas quais um painel pedagógico explica uma "troca de procedimentos corretos" (troca muito conhecida pela sabedoria popular!) entre a água das cheias que o pântano turfoso absorve, água que esse último, nos períodos de estiagem, devolve ao rio vizinho a fim de assegurar a constância do seu fluxo, fluxo que fecunda a jusante as culturas do vilarejo próximo.

Eis aí, apresentada de maneira muito simples, a complementaridade de todos os elementos do dado mundano, em que cada um é indispensável para a sólida harmonia do conjunto. Numa cosmogonia em perpétuo devir, o ser humano não é mais um elemento externo – elemento dominador –, mas, pela força das coisas, é solidário com o que se passa a montante dos seus campos. Ele é parte integrante de um todo que o ultrapassa e o integra. É isso que eu chamo, para além do "corte" moderno, de retorno ao Real.

"Realismo" que reencontramos no pensamento de Tomás de Aquino, que mostra que a essência do homem é a sua natureza. Natureza que o pecado não destruiu[41]. Persistência da natureza que, apesar dos avatares, das quedas e das faltas, garante a persistência do ser. Otimismo que é o centro nervoso do ato de ser (*Acto essendi*): apesar de tudo, tanto quanto possível, eu sou, eu existo. E isso dentro da concretude dos sentidos, fundamento de todo ato de conhecimento. Interação entre o pântano turfoso e o rio que assegura a permanência da agricultura, que é o símbolo da complementaridade naturalista.

---

41. Tomás de Aquino, *Somme de théologie*, Ia, IIae, 85, 3 Resp.

Chesterton e Panofsky, cada um à sua maneira – uma alusiva; a outra, erudita –, mostram como esse otimismo tomista está baseado no fato de que, em vez de virar as costas para o mundo físico, é necessário transcendê-lo, absorvendo-o. O que é uma forma de hino à vida: crer, "luminosamente, imensamente", nela. "Ser é a resposta"[42]. O que, além ou aquém da ideosofia moderna que acredita criar o mundo a partir do "eu penso", remete a uma encarnação do pensamento que está em harmonia com o sentimento holístico ou a sensibilidade ecosófica, que anima de maneira subterrânea, mas não menos real, a consciência e o inconsciente coletivos.

Continuemos, ainda que de maneira alusiva, no brilhante pensamento tomista, com o conceito de "subsidiariedade". Não como ele foi utilizado, corretamente, nos últimos tempos, como uma compreensão da vida civil ou política. A este respeito, sua adequação já foi ampla e inteligentemente demonstrada[43]. A subsidiariedade como princípio de substituição é completamente prospectiva, num momento em que o Estado-nação, aprisionado em suas fronteiras intangíveis, tende a dar lugar a um conjunto mais vasto, animado pela "ideia imperial" baseada na coesão das diferenças. Desse ponto de vista, a Europa da Idade Média pode servir de referência.

Mas deixo isso para os especialistas no assunto, mantendo a ideia principal que está em questão: aquilo que serve para reforçar ou que vem em ajuda. Não nos esqueçamos de que,

---

42. Gilbert Keith Chesterton, *Saint Thomas d'Aquin*, Paris: Librairie Plon, 1935, p. 122, e Erwin Panofsky, *Architecture gothique et pensée scolastique*, Paris: Les Éditions de Minuit, 1967, p. 39.

43. Ver Chantal Millon-Delsol, *Le Principe de subsidiarité*, Paris: Presses Universitaires de France, 1993.

no sentido original, os *subsidiarii* designam as tropas de reserva prontas a vir em socorro para obter a vitória final. Guardando apenas a ideia principal, a reserva e o apoio que elas trazem são a essência mesma do princípio de subsidiariedade. E isso, a partir da troca e da partilha, poderíamos dizer a respeito da dimensão colaborativa que é o apanágio do dado mundano em seu aspecto natural ou social.

Em essência, o princípio de subsidiariedade pode ser compreendido como um instinto de solidariedade que permite simplesmente a sobrevivência. É a interação permanente que existe entre o mineral, o vegetal e o animal. Interação que encontra uma forma de realização entre a natureza, assim compreendida, e o humano, ao qual ela serve de apoio e de socorro. No pensamento antigo – consequentemente, na filosofia aristotélica – e no pensamento medieval, a autoridade é considerada um serviço, uma substituição, um socorro. A autoridade (*auctoritas*) faz crescer, permite o florescimento de todas as coisas: naturais e humanas. Desse modo, a abundância é chamada a se partilhar. Ela é um bem coletivo. Daí a frase do Aquinense: "Dar a cada um o que lhe é devido [*ius suum unicuique tribuere*]"[44]. Isso equivale a evocar o aspecto natural da socialidade humana, simplesmente porque ela não passa de um elemento da natureza-mãe. Mas é preciso que saibamos reconhecê-lo.

Isso não é fácil, tamanha a obsessão da cultura ocidental pelo causalismo e por seu mentor, o finalismo. Causa que provoca, de maneira mecânica, um efeito. Causa que tem consequências. É nisso que se baseia a eficácia do produtivismo moderno.

---

44. Tomás de Aquino, *Somme de théologie*, IIa-IIae, q. 58, a. 1. 39.

Eficácia míope, pois sabemos que a dominação exagerada leva inevitavelmente à destruição de uma natureza concebida como simples objeto de exploração.

A complementaridade do princípio de subsidiariedade é algo totalmente diferente. As relações não são unilateralmente causais, mas procedem como *emanações* sucessivas. As coisas se produzem de maneira gradual por meio da emanação e, de fato, se autorregulam. É a aceitação do animal dentro do humano. São suas inscrições recíprocas num determinado território. Em termos menos eruditos, mas não menos eloquentes, não é *ter* um corpo, mas ser um corpo, não é ter um território, mas pertencer a um território. Em suma, não existir, porque ser humano, como "senhor e possuidor da natureza", mas muito mais como parceiro que depende de um conjunto mais amplo. É nesse sentido que o *homo economicus* reencontra os valores do *homo eroticus*. Trata-se de um ser dependente do seu ambiente.

Existe uma figura mítica que resumiria bem essa teoria da emanação: a figura da esfinge. Um arquétipo que atormenta, sob formas diversas, o inconsciente coletivo. Trata-se de um animal que, de maneira multilateral, exprime bem a inter--relação e a interdependência que existem entre o ser humano e sua animalidade – outra maneira de dizer seu ser natural.

Geralmente, a cabeça da esfinge é de homem, o corpo de touro, as garras de leão e as asas de águia. Um belo símbolo, que reúne a mente humana, dependente da energia do animal, e inclui a possível crueldade das garras, sem esquecer o voo que as asas tornam possível e que coroa o conjunto. Ali a natureza humana emerge da força plural própria da natureza animal e se encontra com ela.

É instrutivo verificar que essa figura mítica é utilizada na ficção científica contemporânea para lembrar que o humano só é compreensível graças ao "mais humano". Talvez ao transumano. Transumanismo que deve ser compreendido segundo as nossas maneiras habituais de criar, não em termos de ultrapassagem dialética, e sim como a integração de elementos que julgávamos ter ultrapassado. O que, nesse domínio, produz um *ser humano aumentado*. Aumento que exprime, para retomar um termo que eu empreguei com frequência, o "holismo" próprio do ambiente pós-moderno. Holismo que reencontramos nos textos de Durkheim, assinalando, assim, que, além ou aquém do indivíduo isolado, devemos considerar o social como um todo (*olos*) que merece ser analisado como tal.

Porém, e sobretudo, um "holismo" que reencontramos nas teorizações próprias das práticas da *New Age* ou da *deep ecology*, que encontraram suas formas extremas na Califórnia, e que se dedicam a pensar e a viver a complementaridade entre a inteligência e a sensibilidade. Assim, a força instintiva lembra tudo o que devemos à ordem natural. Pois existe, certamente, uma *ordem* no dado mundano. Ordem que, ao mesmo tempo que faz parte da ação humana, não se reduz a ela.

No final do século XIX, Reclus, geógrafo e historiador do anarquismo, mas também um maçom que conhecia a "filosofia progressiva" (que não é apenas progressista), lembrava que, ao lado do progresso, mito predominante naquele momento, era preciso estar atento ao "ingresso", que designava uma energia concentrada nesta terra e que, sobretudo, a respeitava e a protegia. Um ingresso que não tinha nada de regressão, mas que era, isto sim, uma maneira de integrar parâmetros específicos da nossa espécie animal e, portanto, aumentar seu lado criativo.

Na mesma época, ao definir a anarquia, ele lembrou que se tratava de uma "ordem sem Estado"[45]. O que deve ser entendido como um ordenamento da sociedade sem uma instância superior e dirigente que se afaste da realidade complexa própria da vida diária. Em suma: a anarquia social não tem nada de anárquica. Ela tem uma ordem própria que, por analogia, podemos aproximar da ordem que opera na natureza-mãe. Ordenamento que não é imposto do exterior, mas que, ao contrário, é fruto de uma interação, de uma complementaridade. Aquilo que, ao analisar as sociedades complexas, Morin chamou de "ação-retroação".

Interação que o princípio de corte não tinha simplesmente desprezado, mas tinha na verdade, negado, e na longa duração. Interação cuja necessidade só os poetas tinham evocado. Como Dante, na *Divina comédia*, canto II: "Da Física em princípio hás conhecido;/ Preceito, que hei mister recomendar-te:/ Que é da vossa arte ir sempre que há podido/ Após Natura – à mestra obediente"[46]. Interação que a sabedoria popular conhece muito bem e que cada vez mais é posta em prática na sensibilidade ecosófica que constitui a atmosfera mental do momento. Na verdade, ao se reconciliar com as premissas do Romantismo, o imaginário pós-moderno se baseia numa espécie de "nova aliança": a da integralidade de todos os elementos que constituem a animalidade humana.

---

45. Ver Jean-Didier Vincent, *Élisée Reclus: géographe, anarchiste, écologiste*, Paris: Robert Laffont, 2010, e Jean-Didier Vincent e Geneviève Ferone, *Bienvenue en transhumanie*, Paris: Grasset, 2011. Sobre o progresso, ver Michel Maffesoli, *La Violence totalitaire, op. cit.*, cap. 3, pp. 445-57.
46. Dante Alighieri, *A divina comédia*, trad. José Pedro Xavier Pinheiro, São Paulo: Atena, 1955.

Ela contém pulsões que podem ser intelectuais (*libido sciendi*) ou de concupiscência (*libido sentiendi*), e as quais se costumava dissociar. Talvez ainda seja esse mesmo o princípio completamente abstrato de toda filosofia da educação, com as consequências desastrosas que tem. Mas as sociedades equilibradas, que baseavam a harmonia social nos fundamentos da natureza, sabiam muito bem que, na formulação de Juvenal, *mens sana in corpore sano*. A união complementar da mente e do corpo é o justo equilíbrio que estimula a pessoa que está em harmonia com seu meio natural e social.

Ao recuperar essa intuição das sociedades tradicionais, o Romantismo, na contramão da doxa do momento, teve um papel profético. Algo que fica particularmente claro na 12ª carta sobre a educação estética de Friedrich von Schiller:

> *A primeira dessas pulsões, que eu chamarei de pulsão sensível, tem sua origem na existência física do homem ou em sua natureza sensível [...], a segunda dessas pulsões[,] que podemos chamar de pulsão formal, oriunda da sua natureza racional*[47].

E, prosseguindo, só podemos aspirar ao desenvolvimento "formal", da inteligência, se soubermos nos enraizar no Real, aquele das pulsões animais da vida concreta. É essa totalidade que caracteriza o *Homo eroticus* capaz de atormentar os "cavaleiros de triste figura" que povoam uma *intelligentsia* defasada, mas cuja atualidade inexorável é difícil negar.

---

47. Friedrich von Schiller, *Lettres sur l'éducation esthétique de l'homme*, Paris: Aubier, 1976, p. 167.

Poderíamos acrescentar à vontade os exemplos da união dinâmica das pulsões racionais e sensíveis ou sensuais. Um exemplo de participação da harmonia mágica com a natureza é o festival que os gregos – cujo pensamento está na origem das filosofias ocidentais – chamavam de *Oschophoria*. Plutarco o descreve de maneira detalhada nas páginas dedicadas a Teseu. São procissões públicas em que jovens rapazes de aparência afeminada celebram o mito da androginia original, desfilando com ramos (*oskos*), galhos carregados de frutas, especialmente uvas[48].

O significado é claro. Ele está explicitado nos discursos que acompanham as libações que encerram a parada. Celebra-se, por meio dela, o casamento que une a cidade à natureza da qual ela depende. Trata-se, na verdade, de uma "cópula mística". Seria instrutivo comparar a descrição de Plutarco com inúmeras situações contemporâneas – esportivas, religiosas, políticas, musicais. Fenômenos que, por muito que custe aos racionalistas inveterados ou, o que é a mesma coisa, aos moralistas um pouco frustrados, imitam tais "cópulas". Eu sempre disse: as depravações e o medo andam juntos. E é útil encenar as diferentes loucuras e manias, pois isso permite que nos livremos delas. Foi quando quisemos fazer uma assepsia exagerada e proibir que as pulsões religiosas, passionais e instintivas se exprimissem – ou seja, fizessem uma catarse – que elas se tornaram perversas, fanatizaram-se e passaram a ser, desde então, sanguinárias. Hoje não faltam exemplos disso.

A analogia é um bom instrumento metodológico para compreender muitos fenômenos sociais contemporâneos. Talvez exista até mesmo uma "lei" da analogia que, a exemplo

---

48. Plutarque, "Thésée", em: *Vie des hommes illustres*, v. 1, Paris: Charpentier Libraire Editeur, 1854, p. 23.

da *analogia entis* da teologia medieval, afirma que existe uma unidade interna entre a natureza e o sobrenatural, isto é, entre o dado mundano e Deus. Analogia – e é nesse sentido que se trata de um bom método – que permite compreender o Ser mesmo das coisas através de suas manifestações. Relação dialógica entre o ser e o ente. Enquanto a atitude moralista e o saber oficial se contentam em quantificar o ente, o pensamento autêntico busca a sua quintessência. É por meio dessa analogia que podemos compreender que, em determinada época, a arte, a literatura, o pensamento e os acontecimentos sociais ou políticos entrem em harmonia, respondendo-se e fecundando-se mutuamente, constituindo assim o que é razoável chamar de espírito do tempo!

É através da analogia que podemos compreender a complexidade familiar dos pensamentos tradicionais e pós-modernos. Complexidade que encontra abrigo no Romantismo, na arte e na poesia. Complexidade que encontra uma de suas reatualizações no transumanismo ou humanismo integral. A complexidade é o ser humano aumentado. Por meio da inversão de polaridade habitual nas histórias humanas, o "corte ontológico" – dizendo de maneira mais simples, a esquizofrenia – que havia prevalecido dá lugar a uma visão mais plena, unindo a natureza e a cultura numa mistura extremamente fecunda.

Numa evocação incisiva, Heidegger resume bem o assunto: "a essência do homem consiste no fato de que o homem é mais do que o homem só"[49]! Ou ainda: "a quadrinidade como cruzamento". Trata-se, para usar um exemplo que ainda podemos observar em nossas catedrais góticas, da cruz do transepto, centro arquitetônico do edifício que se abre para os quatro pon-

49. Martin Heidegger, *Lettre sur l'humanisme, op. cit.*, p. 107.

tos cardeais. Que é outra maneira de explicar o conjunto das coisas, o "holismo" ao qual me referi. De minha parte, compreendo esse "cruzamento" como processo de correspondência. O que, por meio de uma interação contínua, lembra aquilo que une o ser humano ao seu ambiente social e natural. O *Principium relationis* sucedendo o *principium individuationis*. Sabemos que cada época tem seu princípio: gerador, organizador, diretor. Princípio que assegura suas fundações, seus fundamentos. Princípio que se impõe de maneira inconsciente. Por isso, do mesmo modo que o individualismo epistemológico foi o princípio moderno, o relacionismo é o princípio das sociedades tradicionais; no que nos concerne, a pós-modernidade. Pode-se dizer, aliás, que quem continua, de maneira encantatória, publicando ou proclamando lugares-comuns do gênero "considerando o individualismo contemporâneo...", foi, digamos, ultrapassado pelos acontecimentos. Sua repetição os torna inaudíveis. Tanto é verdade que não prestamos atenção nos papagaios.

Como no caso dos velhos resmungões da família que nós suportamos sem prestar muita atenção nas suas baboseiras repetitivas, a resposta das jovens gerações a esse ruído de fundo senil pode se resumir, de maneira lapidar, em: continue falando, estou tão interessado! Aliás, é isso que provoca o desinteresse preocupante e generalizado que atinge hoje em dia tanto as instituições sociais como o saber oficial. Eles não interessam a mais ninguém. No sentido etimológico do termo, não nos sentimos mais parte interessada, não estamos mais "dentro" (*inter-esse*). Uma falta de interesse que explica a profunda discordância entre a sociedade oficial das instituições e a sociedade oficiosa cujos principais protagonistas são as jovens gerações.

Pois é justamente o fato de estar em relação que caracteriza essas últimas. Um relacionismo que é outra maneira de denominar o naturalismo redivivo. Um relacionismo juvenil perceptível no profundo respeito pela alteridade, ainda que ela seja o outro das diferentes "tribos" ou comunidades. Respeito por esse "Outro" que representa um "sacral" difuso do qual a religiosidade ambiente é testemunha. Sem esquecer, naturalmente, o interesse por esse outro que é a natureza em suas diversas expressões.

Essa atenção ao naturalismo sempre em relação é particularmente evidente no culto ao corpo que, a exemplo de outros períodos históricos (Grécia antiga, decadência romana, Renascimento etc.), ganha mais uma vez força e vigor nos dias de hoje. Esse "corporeísmo" ambiente, esse corpo que nós vestimos, do qual cuidamos e que construímos é um verdadeiro "cadinho" que nos conecta com os outros e com a natureza[50]. Na verdade, a celebração do corpo é feita por meio do destaque dado aos pelos, à pele, à nudez (total ou parcial). Todas essas coisas lembram, sem escrúpulos ou com um desnecessário pudor, tudo aquilo que liga a espécie humana à animalidade, ou seja, à mãe natureza.

É também interessante observar que, de maneira aparentemente paradoxal, esse corporeísmo natural é auxiliado pelo desenvolvimento tecnológico. À verticalidade dos saberes estabelecidos, a sabedoria popular atuante nas jovens gerações contrapõe a horizontalidade da cibercultura. E, contrariamente ao que dizem os observadores sociais, a atração pelos *videogames* não tem nada a ver com um medo do real, mas traduzem, isto sim, uma forte preferência por um Real enriquecido de

---

50. Expliquei isso em dois livros anteriores: *Au Creux des apparences: pour une éthique de l'esthétique*, Paris: Éditions de la Table ronde, 2007, e *Homo Eroticus: des communions émotionnelles*, Paris: CNRS, 2012.

sonhos, fantasias e fantasmagorias, que desde sempre estimularam o imaginário social[51].

Imaginário que ressalta um lúdico por meio do qual a Natureza é um elemento de escolha que desempenha um papel fundamental. No Japão, por exemplo, mesmo os *otakus*, filhos da pós-modernidade, fãs de mangás, fanzines e personagens diversos, são fascinados por uma natureza em que as fadas, as feiticeiras e outros personagens míticos ocupam um lugar fundamental. Basta ver a proliferação de revistas que vendem essas figurinhas, em todas as cidades do mundo, para nos convencermos de que não se trata de um fenômeno marginal, mas sim de algo que faz parte de um verdadeiro reencantamento do mundo, por causa do – e graças ao – retorno com tudo desses personagens da natureza que o racionalismo moderno tinha eliminado da esfera pública.

Ao atribuir a esse termo seu sentido preciso, podemos chamar esse desenvolvimento exponencial do lúdico – relacionando-o com as forças misteriosas da natureza – de *juvenoia*. Não para descrever, como às vezes acontece, um medo juvenil diante das mudanças em curso; muito pelo contrário, para chamar a atenção para um "pensamento jovem" que se reconcilia com a sabedoria tradicional e dá um novo sentido aos diversos elementos que põem cada pessoa e cada comunidade em relação com o espaço que as rodeia. Ou seja, com uma natureza matricial cuja fecundidade é fonte de vida. Unindo

---

51. Aurélien Fouillet, *L'Empire ludique: comment le monde devient, enfin, un jeu*, Paris: François Bourin, 2014, e Hiroki Azuma, *Génération Otaku: les enfants de la postmodernité*, Paris: Hachette, 2008. Ver também Stéphane Hugon, *Circumnavigation: l'imaginaire du voyage dans l'expérience Internet*, Paris: CNRS, 2010, e Vincenzo Susca, *Les Affinités connectives: sociologie de la culture numérique*, Paris: Les Éditions du Cerf, 2016.

o latim *juventus* (juventude) ao grego *noien* (pensar, saber), a *juvenoia* permite compreender que, na mudança de paradigma em curso, não é mais o "saber dominante" – paranoia (*para-noien*) – que prevalece, e sim uma relação diferente com o mundo que chama a atenção para a sua eterna juventude.

A *paranoia* se desenvolveu quando nos pusemos a dominar a natureza, a explorá-la sem piedade. É a visão prometeica que caracterizou a modernidade. É o utilitarismo e o economicismo, em que tudo se quantifica e se financeiriza, em que tudo tem de ser útil. A *juvenoia* é muito mais dionisíaca. Uma sensibilidade que destaca a qualidade de vida e aquilo que se convencionou chamar de preço das coisas que não têm preço. A partir daí, o naturalismo, por meio da exaltação do corpo e da busca de um bem-estar maior, reconcilia-se com o "gasto suntuário" que caracterizou determinadas sociedades tradicionais e que reencontramos na sabedoria popular que sabe que "quem perde, ganha".

Vocês notaram como essa *juvenoia* vem acompanhada de uma serenidade incontestável? Sim, é verdade, ainda existem alguns jovens-velhos que querem mudar, revolucionar, reformar o mundo. Porém, como a abstenção política demonstra muito bem, o ambiente geral é de tranquilidade. Os gregos e a mitologia cristã chamavam isso de *hesicasmo*[52]. Uma atitude que privilegia, conforme o caso, a tranquilidade, por exemplo, a *apatheia* estoica ou a ataraxia epicurista. Todas as coisas se satisfazem com o mundo e se adaptam a ele, encontrando, assim, seu devido lugar e seu lugar devido.

---

52. Tradição de oração solitária na Igreja Ortodoxa e em algumas igrejas católicas orientais. [N.T.]

Hesychia[53] que também enfatiza a atitude contemplativa, o que favorece um estado de calma, paz e repouso. Um estado que foge da agitação e favorece a solidão e o recolhimento[54]. Essa tranquilidade é a tranquilidade do verdadeiro sábio, que, segundo Platão, mantém-se afastado da política (*República*, VI, 496 d). Sabedoria cujas práticas juvenis transmitem uma surpreendente atualidade, precisamente pelo fato de que ela estimula que nos livremos do orgulho produtivista que quer amealhar o máximo de "bens", cada vez mais percebidos como perecíveis. De fato, poupar para adquirir a casa própria já não é mais um ideal de vida!

Livrar-se desse orgulho prometeico e preocupar-se com o qualitativo e o imaterial: é isso que conduz a uma sabedoria incontestável, a sabedoria da serenidade. Serenidade que, de longínqua memória, contenta-se em *deixar existir* as coisas e as pessoas. Em não violentar, em nada, a natureza que lhe serve de base. O que, retomando o exemplo do carvalho dado pelo filósofo em *Le chemin de campagne*[55], permite que essa árvore cresça. Com lentidão e perseverança, "crescer significa: abrir-se para a imensidão do céu, mas também enfiar as raízes dentro da escuridão da terra"[56]. Essa união entre o apelo do mais alto céu e a proteção da terra é que, justamente, de forma simbólica, define muito bem o retorno ao naturalismo, que, para além de uma paranoia devastadora, permite um retorno ao Real cada vez mais urgente.

---

53. Em grego, "quietude, silêncio". [N.T.]

54. Ver Marcel Viller, *Dictionnaire de Spiritualité – ascétique et mystique: doctrine et histoire*, v. 8, Paris: Beauchesne, 1969, p. 381 ss. Ver também Michel Maffesoli, *La Parole du silence*, op. cit. e o *site* disponível em: http://www.hesychia.fr. Acesso em: 14 abr. 2020.

55. Título em francês da obra *Der Feldweg* [Caminhada no campo], de Heidegger. [N.T.]

56. Martin Heidegger, "Le Chemin de campagne", em: *Questions*, v. 3, Paris, Gallimard, 1966, p. 11.

4.
SENSIBILIDADE ECOSÓFICA

Quem pensou da maneira mais profunda, Ama aquilo que é mais vivo.[57]

HÖLDERLIN

Nos períodos de decadência e, portanto, fartos de si mesmos, o saber oficial se gasta como uma velha moeda desvalorizada. É isso que se convencionou chamar de crise. Esquecendo-se, evidentemente, o que o termo *krisis* significa: um julgamento feito por aquilo que está chegando a respeito daquilo que está terminando. Ou, dito de maneira mais simples, a *peneira*, o instrumento agrícola que permite rejeitar o que deve ser rejeitado e, desse modo, guardar o que é necessário à vida. Crise que precede todo momento de renascimento e que, portanto, é necessária a todo tipo de vida, ao *Dasein*[58] em seu caráter existencial: o que permite estar aí, ou melhor, "ser o aí"! Como lembra uma passagem de Heráclito: "O pernicioso salutar".

O retorno ao Real recorda aquilo que a sabedoria popular guarda de antiga memória: o diálogo fecundo que existe na natureza entre a morte e a ressurreição, entre a deglutição e o jorro. Que se exprime, no melhor dos casos, na renovação da

---

57. *Qui a pensé le plus profond,/ Aime le plus vivant.*
58. Termo criado por Heidegger ("ser-aí"). [N.T.]

sensibilidade ecosófica. Seria mais razoável dizer: aquilo que sempre e novamente está aí, mas que tínhamos esquecido um pouco, e que nos vem à memória. O que estava camuflado no inconsciente coletivo chega à consciência coletiva: saber enxergar o rebento primaveril que pode florescer e dar frutos.

Na longa duração – e em todo caso na tradição judaico-cristã, que alcançará o apogeu nos tempos modernos – existe uma desconfiança constante daquilo que pertence aos aspectos inferiores da espécie humana. O que Descartes chamava de "paixões animais". Desconfiança que impede que se faça uma imagem positiva deste mundo. Ou mesmo que se faça uma imagem, simplesmente. Pois sabemos que, de Descartes a Jean-Paul Sartre, a imaginação não permite o bom funcionamento da razão ou, no mínimo, a retarda. Ao passo que, como lembra Heiddeger, "é próprio do *Dasein* se fazer uma imagem do mundo"[59]. É justamente isso que pode servir de fundamento, de base para a razão. "Realismo" cuja pertinência o tomismo sabiamente evocou: não existe nada no intelecto que não tenha estado antes nos sentidos.

Uma pequena ilustração da desconfiança atroz diante do que é. Quando eu era muito jovem, ficava impressionado com uma estátua que via e junto da qual meditava, quando, saindo do Liceu Henrique IV, em Béziers, caminhava às quintas-feiras no *Plateau des Poètes* [Esplanada dos Poetas]: Atlas carregando o mundo e fazendo caretas. Posteriormente, revi com frequência aquela figura: em Roma, no Mitreu Barberini,

---

59. Martin Heidegger, "Ce qui fait l'être essentiel d'en fondement ou raison", em: *Questions*, v. 1, Paris: Gallimard, 1966, p. 135. *Dasein ist weltbildend*. O *Dasein* permite criar um mundo-imagem ou uma imagem-mundo; em alemão, o termo *bilden* significa ao mesmo tempo criar, erigir, construir (*building*) e fazer imagem.

em Castel Gandolfo, no Museu do Vaticano e em muitos outros lugares. Muito tempo depois, tomei conhecimento, lendo Cumot, de que esse Atlas podia ser, ao mesmo tempo, *Kosmokrator* (soberano do Cosmo) e *Omophoros* (que leva o fardo do globo terrestre)[60]. Esta terra como fardo e, ao mesmo tempo, criação – que simbólico!

Em suma, é o que eu chamaria de instinto racional. Ou razão instintiva, vindo de muito longe e fazendo do pensamento o eco de coisas muito antigas, e que assinala, justamente, a ambivalência do dado mundano, no qual morte e vida, felicidade e infelicidade, estão ligadas estruturalmente. A mente e o instinto tornando-se, de maneira harmoniosa, um. Porém, permito-me lembrar: uma harmonia conflituosa que repousa essencialmente na tensão existente entre os diversos elementos desse "dado". É assim que é feita a natureza das coisas!

Natura rerum. Não podemos esquecer que esse particípio futuro (*natura*) designa realmente o que irá nascer ou deve nascer, enraizado na natureza obscura dos ancestrais ("seres antigos", diz Joseph de Maistre), dos ascendentes e também dos instintos. E que toda arte de viver não passa de uma eterna lei de adaptação. O que chamamos hoje em dia de "resiliência", que consiste em se familiarizar, de maneira inconsciente, com esse ínfimo instante que é a morte, e que o mito do progresso pensava poder superar. É essa a lição que as imagens múltiplas do Atlas grego nos dão: levar um fardo que não deixa de ser uma criação em perpétuo devir. O resumo perfeito da sensibilidade ecosófica.

---

60. Franz Cumont, *Textes et monuments figurés relatifs aux mystères de Mithra*, Bruxelas: H. Lamertin, 1899.

94

Preocupado em dizer com precisão o que é ou era a sua vida, verdade que estava longe de ser algo simplesmente objetivo, Chateaubriand lembra que o "estilo [...] tem uma terra natal, um céu, um sol próprios"[61]. Permitam-me recordar que o "estilo" é aquilo graças ao qual uma época é escrita: "estilógrafo". Também é aquilo com que ela se marca: "estilete". Com o qual ela pode tirar sangue: *stiletto*[62], que tem a ponta afiada. Portanto, o que caracteriza toda a ambivalência da natureza humana, em particular, e da natureza das coisas, em geral.

Existem, assim, conforme as épocas, estilizações diferentes. E é ao identificá-las o mais precisamente possível que podemos identificar as modalidades da lei de adaptação que caracterizam o viver-junto de determinada época.

Desse modo, existe um equilíbrio, que foi muito bem analisado pelos pensadores alemães (Nietzsche ou Simmel, por exemplo), entre a cultura e a civilização[63]. No momento de seu nascimento, a cultura está impregnada de tragédia. O risco e a crueldade fazem parte dela. Para caracterizá-la, Nietzsche chega a falar em "figuras incisivas", sugerindo com isso como podem ser dolorosas as incisões que essa cultura pode fazer em seu corpo social, assim como no corpo individual. Aliás, seria instrutivo verificar em que as tatuagens, os *piercings* e as diferentes manifestações típicas das músicas *techno*, *black metal*

---

61. François-René de Chateaubriand, *Mémoires d'Outre tombe*, Paris: Le Livre de Poche, 2001, livro 12, cap. 3.

62. "Punhal", em italiano. [N.T.]

63. Ver Georg Simmel, *La Tragédie de la culture*, Paris: Payot & Rivages, 1993 e Friedrich Nietzsche, "La Naissance de la tragédie", em: *Oeuvres*, v. 1, Paris: Gallimard, 1975. Ver também Michel Maffesoli, *L'Instant éternel: le retour du tragique dans les sociétés postmodernes*, Paris: Éditions de la Table ronde, 2003.

ou HellFest seriam as expressões contemporâneas dessas "incisões" culturais[64].

Em seguida, essa cultura fundadora se torna "culturalismo" ou civilização; ela se degenera e perde suas qualidades originais, o que é o sinal da sua decadência, antes que outro renascimento cultural venha assumir seu lugar. Na civilização culturalista, o que predomina é a concepção "dramática" por meio da qual, no sentido etimológico, todas as coisas têm uma solução possível. Para tanto, é preciso dominar o mundo social. É essa lógica de dominação que caracterizou a modernidade. É isso que explica o desespero da *intelligentsia* diante do retorno inesperado do trágico.

Pois o trágico caracteriza os momentos fundadores. É isso que me parece estar em jogo na revanche da natureza. É isso que vai ser o centro nervoso do naturalismo contemporâneo. Esse último é atravessado pelo "sentimento trágico da vida", para retomar uma expressão de Miguel de Unamuno. Trágico que, lembramo-nos muito bem da definição clássica, é uma aporia: sem saída. Consequentemente, "é preciso lidar com isso", convém se acomodar, conciliar-se com aquilo que é. De certa maneira, viver sua morte todos os dias.

Adaptar-se a um *Real* cruel, à necessidade inexorável, à ambivalência da natureza: essa é a atitude instintiva da sabedoria popular. Sabedoria que tende a se espalhar cada vez mais. Sabedoria que, contrariamente a uma História segura

---

64. A natureza muitas vezes patológica dessas manifestações (especialmente as escarificações) não significa que elas também não tenham um significado mais geral, antropológico. As manifestações patológicas se conectam com o imaginário, mas nem todo imaginário de época é patológico. Sobre os movimentos musicais, ver Lionel Pourtau, *Techno 2: une subculture en marge*, Paris: CNRS, 2012, e Anne Petiau, *Technomedia: jeunes, musique & blogosphère*, Paris: Les Presses du Réel, 2011.

de si e do seu progresso linear, chama a atenção para o destino que é preciso aceitar. Destino que, naturalmente, só pode ser vivido em comunidade. Comunidade de destino. A das tribos pós-modernas, em que são criadas novas formas de solidariedade e de generosidade, e nas quais o viver-junto, o estar com, encontra bases indiscutíveis dentro de um ser com o mundo, com a natureza que nos rodeia.

Por isso, de tanto que esse lugar-comum é desconsiderado pela ideosofia progressista típica da modernidade, é preciso repetir constantemente: no movimento pendular das histórias humanas, existem épocas em que o mal, em suas diversas faces, é negado. Ou, no mínimo, é considerado o resíduo de períodos sombrios e obscurantistas que a Luz da Razão ainda não tinha iluminado. O culturalismo é a forma por excelência dessa negação.

Como vimos, o naturalismo, muito pelo contrário, é simplesmente o reconhecimento daquilo que, sob diversas formas, anima a vida natural e social. Elemento cuja importância seria inútil não reconhecer. É o "lado sombrio" (Carl Gustav Jung), o "instante obscuro" (Ernst Bloch), o "lado maldito" (Georges Bataille). Aquilo que eu resumi anteriormente quando me referi ao "lado do diabo"[65]. Com isso eu queria chamar a atenção para o fato de que, além ou aquém dos diversos poderes institucionais (econômicos, políticos, sociais, simbólicos), existe uma *potência* social, a da sociedade oficiosa, que se enraíza numa natureza que não podemos controlar totalmente.

Essa noção de *potência*, que é a base permanente de toda a minha reflexão, dedica-se a reconhecer a força irresistível

---

65. Michel Maffesoli, *La Part du diable: précis de subversion postmoderne*, Paris: Flammarion, 2004.

e, sob muitos aspectos, cruel, daquilo que Bergson chamava, justamente, de "elã vital". E que revela o dinamismo incontestável da natureza, sua agitação e mesmo seu formigamento, contínuos. Todas as coisas que a domesticação da vida social havia se dedicado a ultrapassar, mas cuja permanência pode ser percebida em um asselvajamento do mundo que reencontra, para o bem e para o mal, um vigor surpreendente. É esse naturalismo, cuja manifestação mais evidente é a sensibilidade ecosófica, que é preciso pensar.

Na advertência introdutória do segundo volume de *Tel Quel*, e às notas reunidas sob o título "Rhumbs", Paul Valéry lembra que, se a "agulha da bússola permanece muito constante", a rota pode variar, e, ainda que possa haver uma direção privilegiada, as variações são possíveis e mesmo necessárias: "daí Rhumbs"[66]. Se formos um pouco mais longe, perceberemos que, em grego, *rhumbs* significa rotação ou (*Rhumbon*) circunvolução em espiral.

Poderíamos multiplicar as observações nesse sentido. Basta dizer que o mito do progresso, que, de maneira pretensiosa, recusa-se a ver como ele pôde ser destruidor (as devastações ecológicas são a demonstração disso), não é, longe disso, a única maneira de apreender a natureza das coisas. A "progressividade" é outra. É isso a circunvolução em espiral que podemos pôr em paralelo com o crescimento das plantas, mas também com as histórias que marcam e mudam toda história individual. Como assinala Carl Gustav Jung, "o caminho não vai em linha reta: aparentemente, ele é cíclico. Um conhecimento mais preciso mostrou que ele se eleva em espiral" [67].

66. Paul Valéry, "Rhumbs", em: *Tel Quel*, v. 2, Paris: Gallimard, 1960, p. 597.
67. Carl Gustav Jung, *Psychologie et alchimie*, Paris: Buchet/Chastel, 1970, p. 41.

É esse futuro espiralado do mundo que permite compreender que à História, causa e efeito do progressismo, possa suceder o Destino, exprimindo uma filosofia progressiva que está atenta ao enraizamento e à tradição como vetor do crescimento de todas as coisas. Sejam elas naturais, individuais ou sociais. Daí o oximoro enraizamento dinâmico!

Na circunvolução a partir de um centro, a ênfase às vezes é posta na economia e, em outras épocas, na ecosofia. O princípio gerador da economia é, se nos aproximarmos o máximo possível da etimologia do termo, a lei (*nomos*) que impomos à "casa" (*oikos*) de maneira externa. E isso a partir de um saber dominante que une a razão e o poder. Lógica do dever ser: é porque sabemos, a partir da verdade concebida como exatidão, o que "deve ser" a ordem do mundo, que "o economizamos". Basta ver as verdades sucessivas e contraditórias dos economistas para avaliar a pertinência dos seus prognósticos. Mas a arrogância deles é tamanha que eles sabem, *a posteriori*, justificar todos os seus erros.

Quanto à ecosofia, ela se limita a exprimir que é a sabedoria (*sophia*) da casa (*oikos*) em questão. Poderíamos dizer, e será preciso voltar a isso: sabedoria de habitá-la. O que significa dizer que o ser humano não se sente diferente da coisa material nem mesmo superior a ela. Ele não se vê simplesmente como ser de consciência ou de razão. Mas ele se percebe como participante da "coisa". Participação mística e participação mágica que, nas sociedades tradicionais, eram causa e efeito do respeito pelo ambiente mineral, vegetal e animal. Respeito, também, em relação aos objetos familiares que ocupam esse ambiente.

Nesse sentido, a sensibilidade ecosófica é uma forma de empatia, de paixão intensa e comum pelo espaço em que nos situamos – individualmente e comunitariamente. É uma "sintonia": estamos no "tom" do território que nos rodeia. A sintonia é o compartilhamento, a aliança instintiva com os produtos desse território e com aqueles que os utilizam em comum. Reversibilidade de um ambiente, *stricto sensu* de um clima que determina as maneiras de ser e os modos de vida. Estar no tom é a forma autêntica de estar ali: ser, simplesmente, um elemento ao lado dos muitos outros, que constituem a complexidade ambivalente da terra-mãe.

A onipotência da economia em sua ambição um pouco paranoica de ditar a lei para o mundo inteiro – a globalização seria a forma acabada disso – revela-se pura pretensão. Ou, no mínimo, mostra que ela é o sinal de uma fragilidade estrutural, cujos sintomas mais evidentes são as recorrentes crises. Sintomas de uma lenta, mas inexorável, agonia, que acontece em todos os períodos de decadência.

Simmel costumava lembrar que era importante identificar que, ao lado daquilo que parecia ser o rei oficial, dando a impressão de reinar de maneira incontestável e monolítica, frequentemente existia um rei clandestino que, de fato, assegurava a preservação do reino[68]. Visão um pouco romântica, que cria uma distinção essencial entre o *poder* oficial e a *potência* oficiosa. Enquanto aquele parece se impor, é essa que, na verdade, é onipotente. Por isso não é inoportuno se perguntar sobre o "rei secreto" dessa época do espírito. Quero dizer, o momento em que o espiritual não pode mais ser negado.

---

68. Georg Simmel, *Philosophie de la modernité*, v. 2, Paris: Payot, 1990, p. 234. Sobre a relação entre poder e potência, ver Michel Maffesoli, *La Violence totalitaire, op. cit.*, cap. i, pp. 295-360. Ver também Antonio Rafele, *La Métropole: Benjamin et Simmel*, Paris: CNRS, 2010.

E mesmo suas formas paroxísticas: os diversos fanatismos dão prova disso, comprovando o fato de que o economicismo, embora em seu apogeu, está ultrapassado.

A potência desse "rei clandestino" ou secreto aparece de maneira mais clara numa sensibilidade ecosófica que não é de modo algum redutível às gesticulações de uma ecologia política sem nenhum herdeiro, mas que se exprime nas inúmeras revoltas contra o progressismo devastador, contra o economicismo invasivo e contra o consumismo alienante imposto. Mais importante, talvez: essa sensibilidade se manifesta no dia a dia num respeito crescente pela terra-mãe. Embora isso não faça exatamente muito barulho, não deixa de estar presente, constantemente, na atração por todas as formas de "orgânico" e pela moda "étnica", no patrimônio cultural, no respeito pelo ambiente e outras manifestações cotidianas, na preocupação com as raízes tradicionais que permitem reencontrar uma harmonia social e natural (social porque natural).

Poderíamos aproximar esse naturalismo ecosófico daquilo que foi, em sua época, o movimento impressionista. Movimento premonitório que, ao romper com o academicismo extremamente conceitual, punha em destaque o aspecto fluido e cambiante de uma natureza (*natura*) em constante devir. *Impressão, nascer do sol*, de Monet (1874), que nomeará o movimento, mostra bem como não se trata mais de se colocar *diante* de, e sim *dentro* da natureza que se tenta descrever. Essa imersão na paisagem não deixará de chocar os críticos de então, como o "naturalismo" choca hoje em dia os detentores do saber oficial. Ela pode nos ajudar a compreender, *mutatis mutandis*, a especificidade da sensibilidade ecosófica que leva em conta, de maneira espontânea, a sensação experimentada da beleza do mundo e da necessidade urgente de preservá-la.

Tanto no impressionismo como na sensibilidade ecosófica, trata-se realmente de uma atmosfera luminosa que chama a atenção para os constantes tremores e metamorfoses próprios da matriz natural da qual viemos. Registros atmosféricos que revelam, retomando uma frase de Espinosa, que "tudo na Natureza atua segundo uma necessidade eterna e uma perfeição absoluta" (*Ética*, apêndice do Livro I).

Uma necessidade (a *anankè* dos estoicos) que é preciso levar em conta. Uma perfeição à qual os epicuristas eram sensíveis. Isso tudo faz com que não nos deixemos enganar pelas ideias absolutas ou pelo sonho do *infinito*, e sim, que nos detenhamos no *finito* e nos dediquemos a realizá-lo. Ou a realizar, em seu interior, o que é possível fazer no contexto da vida cotidiana. Pois é justamente tendo consciência dessas duas características – necessidade e perfeição – que Max Weber lembrava que era preciso estar "à altura do cotidiano".

Uma ordem aparentemente paradoxal, mas que lembra que, além ou aquém dos raciocínios próprios às diversas abstrações intelectuais da ideosofia, o que é preciso celebrar e viver é o sentimento de pertencimento à bondade relativa, mas real, deste mundo. Bondade essencial da natureza humana em particular ou da natureza em geral. O que Alexandre Koyré resume bem a propósito do misticismo alemão do século XVI: "O que é a Natureza senão Deus e a arte e a ordem divinas [...]?"[69]. O que não está muito distante do espinosismo: *Deus sive natura.*

---

69. "Was ist die Natur anders denn Gott und die göttliche Art und Ordnung [...]?", em: Alexandre Koyré, *Mystiques, spirituels, alchimistes du XVIe siècle allemand*, Paris: Gallimard, 1971, p. 63.

Precisamente na medida em que a arte e a ordem das coisas são de natureza divina. Outra maneira de dizer, numa perspectiva holística, que elas ultrapassam um simples ponto de vista racional, mas integram de maneira intuitiva a globalidade, a interatividade e a reversibilidade existentes entre todos os elementos do dado mundano. O que é uma maneira de reconhecer o aspecto "sagrado" da natureza. Reconhecimento, deixemos bem claro, que não inclui a conscientização ou a verbalização. A intuição é, lembramo-nos, uma "visão a partir do interior" que permite juntar o que se apresenta disperso, mas que um vínculo secreto não deixa de unir. Talvez seja assim que devamos compreender a metáfora sociológica que é o corpo social.

Corpo que, a exemplo do corpo individual, mantém juntos todos os elementos que o compõem: órgãos fixos, fluxo sanguíneo e humores diversos. Uma união que não é racional, e sim instintiva. É daí que vem o conceito de coenestesia (sensação do todo, *koinè*, e do movimento, *kinein*), utilizado pelos médicos a partir do século XVI para descrever a harmonia, num corpo individual, entre os diferentes órgãos e fluidos que os animam. Em termos menos eruditos, e retomando uma expressão da sabedoria popular: sentir-se bem consigo mesmo.

Um "corpo social", assim como o corpo individual, *stricto sensu*, igualmente real, que só existem em função de um corpo natural, *Natura* que os traz à vida e lhes garante apoio constante. É esse conjunto que constitui realmente aquilo que eu denomino "dado mundano", que também podemos chamar de "carne do mundo" (Merleau-Ponty).

Percebemos, corretamente, que, ao contrário de uma condenação um pouco apressada e, em todo caso, pouco pertinente, a carne, do ponto de vista bíblico, "é a humanidade, o homem em sua totalidade, o reino animal ou o mundo humano vivo"[70]. Sem esquecer do mineral e do vegetal, que completam, no seu conjunto, essa bela imagem da mãe-terra, que resume muito bem o nome que Deus se atribui na Bíblia: "Eu sou Jeová, o Deus de toda carne", *Ecce ego Dominus, Deus universae carnis* (Jeremias, 32:27).

Mas a apreensão dessa "carne" não pode ocorrer por meio da perspectiva dominante da razão discursiva. Pelo contrário, ela deve pôr em prática essa intuição a que nos referimos e cuja pertinência Bergson demonstrou muito bem. Intuição que tem o traço de *humildade* que permite compreender o papel dos *humores* e a importância do *húmus*. Tudo isso remete àquela "carne" específica desta Terra e ao naturalismo, que pode dar conta dela com a maior precisão possível.

Começamos a duvidar cada vez mais, em todo caso, na sociedade oficiosa, de uma Verdade superior que tem resposta para tudo. A Verdade, que era originalmente uma simples e provisória revelação (*a-letheia*), tornou-se uma exatidão inexorável. A revelação é feita de respeito pela coisa que ela aborda de maneira recatada e com pudor. A "coisa" continua sendo o principal. Ela não perde nada da sua aparência fascinante e misteriosa. Quanto à Exatidão, é uma ilusão.

É uma ideologia que se dedica a corresponder àquilo que a mente humana deseja. Ideosofia, causa e efeito do "Eu penso" e do "homem como senhor e dono da natureza" decretado por Descartes e fio condutor de todo o pensamento moderno. É, *stricto sensu*, uma "meta-física". É preciso ir além da física, se necessário, subjugando-a.

---

70. Claude Tresmontant, *Saint Paul et le mystère du Christ*, Paris: Seuil, 1956, p. 55.

Outra coisa é o que poderíamos chamar de uma "geosofia" que se limita a descrever uma vida enraizada, não decretando o que ela deve ser, mas mostrando simplesmente o que ela é. Podemos aproximar isso da "deriva" urbana dos surrealistas e dos situacionistas, na qual os diferentes gêneros de encontro – em especial os mais intensos – ocorriam em função dos lugares. O que eles chamavam, com um oximoro instrutivo, de "acaso objetivo". Isso nada mais era que a expressão, em termos poéticos, do fim de uma ideosofia que controlava uma História segura de si e o renascimento de um futuro fatídico dependente, no grau mais elevado, de um espaço e de um território com o qual era preciso contar. Nesse sentido, a verdade-revelação do "ser pode ser chamada de solo. Ela é uma implantação em um solo"[71].

Não podemos dizer que a sensibilidade ecosófica retoma o antigo saber que fazia do lugar a fonte de inspiração: *genius loci*, o gênio do lugar? Que inspirava poesia, pensamento e maneira de ser. Talvez porque ele transmitia, por osmose, sua força interior e telúrica, que o ser humano se limitava a pôr em palavras, a exprimir. Assim como espremos o suco da laranja, a razão torna visível a potência subterrânea da terra, dando vida e alma àqueles que vivem nela e com ela.

Sabemos que Chateaubriand era ligado ao seu lugar de nascimento (Saint-Malo, Combourg). Viajante infatigável, ele descreveu muitas vezes a força desse vínculo com a pátria, ou com a "mátria", como um todo. "A terra é uma mãe encantadora. Ela nos transforma secretamente em sua própria substância"[72].

---

71. Martin Heidegger, *Questions*, v. 1, *op. cit.*, p. 24. Ver também *Questions*, v. 3, *op. cit.*, pp. 161-81.

72. François-René de Chateaubriand, *Mémoires d'Outre tombe*, *op. cit.*, p. 261.

Com seu estilo tão sugestivo, esse mago, "que melhor conservou o espírito das antigas raças", lembra que, ao lado da temporalidade da História possivelmente controlável, existe uma espacialidade com componente místico que assegura, na longa duração, a sobrevivência da espécie.

Precisamente naquilo que é a ligação com o território, que é a causa e o efeito do ideal comunitário. Da camaradagem tradicional às relações de solidariedade da socialidade contemporânea, é, brincando com a eufonia dos termos em francês, *le lieu qui fait lien* [o lugar que cria o laço]. Esse lugar pode ser a região que faz os produtos familiares. Pode ser simplesmente o bistrô onde uma tribo urbana pratica os seus rituais. Também pode ser uma "meca" cultural onde as pessoas vêm partilhar regularmente, com outros aficionados, determinado estilo de música, de teatro, de dança ou outras formas de manifestação artística. Sem falar das "mecas" religiosas, que renascem ruidosamente!

Por isso, a geosofia evoca, com seu enraizamento mundano, a natureza carismática do espaço. Carismática pelo fato de permitir a união e a comunhão. Dizendo de maneira simples, o espaço partilhado permite "colar" no outro. O que é, lembro aqui, a etimologia de "carisma": aquilo que permite a fusão. Às vezes a confusão. Assim, através deste termo um pouco erudito – geosofia –, a ligação com a terra é evocada. Em outras palavras, do mesmo modo que a história, que constitui o laço social, tornou-se cada vez mais abstrata até chegar à solidão gregária das megalópoles contemporâneas, o espaço também é o vetor de uma socialidade verdadeira. Ele é, de fato, o lugar que, sempre e de novo, assegura a solidariedade básica, familiar, tribal e comunitária, fundamento de toda vida em conjunto. *Mitwelt* e *Umwelt*: estar no mundo com, por meio de e graças ao ambiente em que tem lugar o compartilhamento.

Joseph de Maistre, com seu vigor característico, não hesita em fazer alusão a uma "lei do clima" que determina o caráter de cada nação: vigor, inércia, preguiça ou atividade[73]... Certamente é preciso "se aclimatar" a um determinado lugar. E somente se houver aclimatação é que a vida social é possível. Mais uma expressão da reversibilidade que pode existir entre o homem e a natureza. Uma interação que não pode ser reduzida a uma lógica de dominação de um sobre o outro, mas que leva a pensar, de maneira profunda, sobre os mecanismos de acomodação, pilar de toda harmonia.

Essa acomodação tem longa história. Assim, num texto de 1346, o rei Filipe VI da França ordena aos "mestres das florestas" da sua propriedade de Brunoy que administrem bem o corte de árvores, que tratem de "poupar", que não cortem em excesso. Isso a fim de sustentar a floresta, que, desse modo, continuaria existindo durante muito tempo. O termo *sustainable*[74], amplamente utilizado nos debates sobre a ecologia em todo o mundo, vem daí. "Sus tentável", "sus tentar" é muito mais pertinente e prospectivo que *développement durable*[75], feitiço que a ecologia política francesa adora.

Ao contrário da ideologia "desenvolvimentista", seja ela *"durable"* ou não, a sabedoria ecosófica se baseia numa concepção que eu qualifiquei de *enveloppementaliste*. Precisamente

---

73. Jean-Louis Darcel, "Cinquième lettre d'un royaliste savoisien à ses compatriotes", em: *Revue des études maistriennes*, Paris: 1978, n. 4, p. 70.

74. "Sustentável", em inglês. [N.T.]

75. A expressão francesa corresponde, em português, a "desenvolvimento sustentável". [N.E.]

porque ela se esconde nas dobras da natureza e se alimenta dela. Ela sabe se sustentar com o que a matriz natural pode oferecer quando não a violentamos e respeitamos seu crescimento próprio. Em suma, só o cuidado com a estabilidade da natureza torna "sustentável" o presente e o futuro da espécie humana.

Não se trata de uma simples guerra de palavras. A ideologia desenvolvimentista é a consequência daquilo que é o centro nervoso da modernidade como um todo: a ação desmesurada de um ser humano preocupado com uma liberdade totalmente descontrolada. É a figura do "Prometeu libertado", que, como assinalei, inspirou o grande pensador Karl Marx. Sua obra, no entanto, está ultrapassada. Fora alguns dinossauros universitários, ela não seduz mais ninguém. Mas continua existindo em forma de remanência. E contribui com uma "marxização" das mentes segundo a qual, para alcançar a sociedade perfeita, seria preciso completar o controle da natureza, dominá-la e "culturalizá-la" a todo custo.

É o mito do progresso, difundido tanto à esquerda como à direita do tabuleiro político. E é em nome desse progressismo supostamente incontornável que a ecologia francesa tornou-se política. Ecologia política. Um exemplo acabado de uma contradição in "adjecto". Uma contradição em si, pois ela reúne termos que remetem a esferas completamente heterogêneas e cujos tópicos são absolutamente diferentes: o político é vertical, seu poder vem *de cima*; a ecologia é horizontal, sua potência vem *de baixo*.

É essa exacerbação de uma liberdade revolta que conduz à devastação que conhecemos. Ao passo que o naturalismo próprio da sensibilidade ecosófica sabe reconhecer, e acompanha, a força do instinto como a fonte do impulso vital. Os instintos vivenciados como componentes inatos dos modos de vida tradicionais. Fundamento daquilo que o biólogo e teórico da etologia Konrad Lorenz chamou de comportamento animal e humano[76], atentando assim para a animalidade do humano, para a necessidade do território como fundamento essencial do futuro humano, todas as coisas convidando a pensar que a natureza não era, absolutamente, um "paradigma perdido".

O paradigma moderno, se retomarmos os próprios termos de Thomas Kuhn, seguiu a *via recta* da razão. E isso de maneira unilateral, sem nuance, sem discernimento. É isso que o levou a levantar os véus da terra-mãe. Sabemos que o encanto desaparece quando o questionamos demais. É assim que o raciocínio moderno destruiu o encanto, o espírito encantado da paisagem ambiente e do tesouro natural.

Existe uma proximidade, que não é tão paradoxal como parece à primeira vista, entre a pergunta de uma criança alemã *Warum sind die Bananen krumm?* [Por que as bananas são curvas?] e o *Warum*, o "porquê" das coisas, que se encontra no fundamento mesmo do idealismo alemão. O "porquê" postula uma finalidade, um objetivo distante a ser alcançado. O que leva a desprezar e, portanto, a destruir o que se vê, o que está ali. Em suma, este mundo aqui em função de um mundo ideal (idealmente pensado) futuro.

O "porquê" é corrosivo por só saber dizer "não" àquilo que existe, defendendo que existe um bem-estar maior ao qual devemos nos voltar sem descanso. É contra esse "não", expressão do ressentimento, que Nietzsche pedia uma postura afirmativa. Dizer "sim" àquilo que se apresenta como uma maneira de

---

76. Konrad Lorenz, *Le Comportement animal et humain*, Paris: Seuil, 1979.
Ver também Edgar Morin, *Le Paradigme perdu: la nature humaine*, Paris: Seuil, 1973.

recusar a ilusão de um "outro mundo" qualquer. Talvez seja essa a essência do naturalismo. Brincando com a eufonia das palavras em francês, *le savoir comme "ça-voir"* [o saber como "ver isso"]. Ver isso que a ideosofia não quer ver: o corpo, o instinto, um desejo de viver irreprimível, que não é necessariamente consciente, mas que assegura, na longa duração, a "direção", o aspecto "sustentável" da espécie humana em seu ambiente natural.

A palavra "instinto" pode parecer chocante. Podemos suavizá-la denominando-a, com Schelling, um saber "néscio", próprio do ser humano "subterrâneo". Uma maneira metafórica e pouco romântica de designar o ser humano enraizado, ou seja, dependente de um lugar que lhe dá vida e permite que ele se desenvolva. "Ser humano", prossegue ele, "em que o saber se tornou substancial e ontológico como, nos metais, o som e a luz (se fundem) numa massa densa"[77].

A "massa densa" dos metais como cristalização dos elementos primordiais (som, luz) que constituem a matriz natural. É isso que nos arranca dos pensamentos abstratos e nos remete ao nosso pertencimento "mundano". Enraizamento que permite um "saber néscio", isto é, não dominante, muito mais humilde e próximo da "douta ignorância" (Nicolas de Cues). Indicando com isso que, diante do infinito de Deus e do mistério da sua encarnação, mas também diante da grandiosidade da natureza, é preciso dar provas de modéstia e reconhecer a impossibilidade de apreender, em sua totalidade, a complexidade do universo.

77. Ver Xavier Tilliette, *F. W. J. von Schelling*, Paris: CNRS, 2010, p. 154. Sobre Nicolas de Cues, ver Clément Bosqué, "*Homo Comprehensor*: lire Nicolas de Cues", em: *La Revue littéraire*, Paris: 2016, n. 63.

"Saber néscio" que obriga a relativizar o pensamento "paranoico", aquele que acredita criar o mundo pensando-o ou dizendo o que ele deve ser. Saber afirmativo que, além ou aquém do "porquê", contenta-se em dizer como se manifestam e se exprimem os elementos constitutivos do dado natural. Trata-se, segundo uma sabedoria antiga, de ver o que está ali em sua riqueza e fecundidade próprias.

O que estimula o pensador autêntico a sair da sua fortaleza mental e participar da matéria natural da qual ele também está impregnado, levando-o a reunir o que a modernidade separou: razão sensível ou materialismo mental. Alexandre Koyré, em seu livro sobre Paracelso, lembra que a natureza material é a "fonte-raiz" da mente[78]. Observação inteligente por revelar a espantosa atualidade dos autores anômicos como Paracelso, prefigurando a sensibilidade ecosófica contemporânea. A homeopatia, a tendência "orgânica", a volta à natureza, a preocupação com o enraizamento, a importância da qualidade de vida, a busca, para além de uma postura bem-pensante e dos diversos conformismos intelectuais, de um pensamento autêntico – todas essas manifestações, trazidas essencialmente pelas gerações jovens, mostram que o retorno às raízes, produzindo uma nova *radicalidade*, está mais uma vez na ordem do dia.

Talvez possamos aplicar à natureza aquilo que Heidegger diz a respeito do Ser: aquilo que possui uma "força tranquila" (*die stille Kraft*). Isto é, o lugar metafórico que contém "todos os possíveis". Que conserva aquilo que existe em potência. A ação humana sendo dependente, portanto, da matéria em potência. Um pouco como o gesto do escultor que, por mais

---

78. Ver Alexandre Koyré, *Paracelse*, Paris: Allia, 2011, p. 58. Ver também Lucien Braun, *Paracelse, nature et philosophie*, Estrasburgo: Presses Universitaires de Strasbourg, 1981.

genial que seja, depende do mármore, da madeira e da pedra em que o gesto criativo é aplicado. Gesto que deve harmonizar-se com a realidade do material em questão.

O que exige, evidentemente, que respeitemos – é isso que significa nos harmonizarmos, nos adaptarmos – a matéria com a qual nos confrontamos. Respeitar a natureza é, simplesmente, "proteger sua essência, mantê-la em seu elemento"[79]. Aí está, em poucas palavras, o resumo da sensibilidade ecosófica, que não busca um "sentido" distante, aquele que o "porquê" denota, mas que sabe reconhecer naquilo o "sentido" autêntico das coisas: ou seja, seu significado, aqui e agora, seu significado *in actu*, no ato. Significado que "atualiza", tornando presente todas as potencialidades, as potencialidades da terra-mãe.

No lugar da obsessão com a temporalidade, marca da filosofia moderna, o naturalismo, ligado às raízes, está apresentando outra preocupação, a da espacialidade.

É isso que reforça o sentimento de pertencimento "tribal" para o qual eu tenho tentado chamar a atenção há muitos e muitos anos. A expressão "sentimento de pertencimento", que era o fio condutor da minha análise do neotribalismo pós-moderno[80], é amplamente retomada pelos diferentes observadores sociais, sem que avaliem bem sua amplitude e importância. Na maioria dos casos, ela é empregada como uma chave-mestra, ao passo que, de maneira bem mais profunda, ela significa um sentimento de afinidade. Ou mesmo o sentimento "mundano", prefigurado ao longo de todo o século XIX pelo Romantismo ou, de maneira mais geral, pela sensibilidade poética.

---

79. Martin Heidegger, *Lettre sur l'humanisme, op. cit.*, p. 37.

80. Michel Maffesoli, *Le Temps des tribos: le déclin de l'individualisme dans les sociétés postmodernes*, Paris: Éditions de la Table ronde, 2000.

Sentimento de pertencimento que ressalta a harmonia existente entre a nossa vida e o ambiente que lhe serve de moldura, ou, melhor, de porta-joias. Por exemplo, Verlaine: "Chove em meu coração, como chove na cidade"[81]. Sensibilidade que permite, portanto, escutar o murmúrio do mundo, estar atento ao seu ruído de fundo. E, de repente, saber ouvir novamente o que vem de muito longe, o rangido das raízes, isto é, o sentido inicial de todas as coisas.

Portanto, afinidade com o mundo que reforça o pertencimento aos outros membros do grupo. De fato, a "lei do clima" (Joseph de Maistre) é a mesma que estrutura a comunidade. "Estar dentro" é o mesmo que "estar com". Pois é nos aclimatando que nos harmonizamos com os outros. Mesmo que seja para se habituar à severidade do clima, ou, ao contrário, à sua suavidade, é preciso saber "se manter unido". Para nos adaptarmos a um lugar ou a um clima, sempre é melhor estar juntos.

É essa afinidade com o mundo, essa relação entre o mineral, o vegetal, o animal e o humano que pode ser resumida numa expressão um pouquinho sofisticada: "a planta humana". Encontramos essa expressão na obra de Julien Gracq. Não nos esqueçamos de que o romancista também era professor de geografia. Daí a sua atenção a esses lugares singulares – que eu chamaria de "mundanos" – nos quais tal planta pode crescer.

Porém, não é ao pensar em tal harmonia que, de modo muito mais familiar, nos referimos a uma "bela planta"? Um jeito, em muitas províncias francesas, de se referir a uma mulher sedutora. Essa comparação do humano com a flora é muito interessante, por demonstrar a persistência de um

---

81. *"Il pleure dans mon coeur, comme il pleut sur la ville".*

imaginário baseado na sólida comunhão com o vegetal. O que vai estimular Marcel Proust, no segundo volume de *Em busca do tempo perdido*, a mostrar como o amor pode se desenvolver "à sombra das raparigas em flor". Mas, para não esquecer a população masculina, é muito comum, para indicar um jovem cheio de vigor e energia, falar de um "belo garanhão". E não apenas para dizer, retomando o título de um famoso programa de televisão francês, que "o amor está no campo"[82], mas para lembrar que, ao lado da flora, a fauna é parte integrante do inconsciente coletivo.

Poderíamos, o que não é o objetivo desta reflexão, multiplicar os exemplos literários ou triviais nesse sentido. Basta lembrar de memória que os contos e lendas populares, assim como a mitologia, descrevem em profusão a estreita proximidade que existe entre as espécies animais, vegetais e humanas; e são inúmeros os exemplos de transformação, metamorfose e transubstanciação entre elas. Sejam elas, aliás, para o bem ou para o mal. Não nos esqueçamos de que Europa – princesa fenícia – atrai tanto Zeus que, para seduzi-la sem amedrontá-la, ele se transforma num belo touro imaculado que ela cavalga, deixando-se levar e, em seguida, engravidar.

O quadro de Ticiano, atualmente no Museu Garner, de Boston, retrata muito bem a feliz harmonia existente entre esses diferentes reinos – vegetal, animal e humano – com o todo, aliás, sob o olhar indulgente e alegre de alguns anjinhos. Um sinal de que o divino dava sua bênção a essa comunhão natural. Dizem que Europa, etimologicamente, significa "grande"

---

82. O autor refere-se ao *reality show L'amour est dans le pré*, exibido na França desde 2005. [N.E.]

114

(*Eurus*) "vista" (*ops*). Bastante simbólico: terra com vista ampla. Símbolo que lembra que, além e aquém do corte ontológico, existe uma afinidade estreita e uma reversibilidade necessária entre os diversos elementos do dado mundano.

Para dar uma base um pouco mais filosófica a esse parentesco, Heidegger lembra que, para os gregos, "Ser" é alcançar determinada postura. O que reforça a estabilidade. Ou seja, o que aceita a necessidade do limite[83]. Limitação, lembro, que reencontramos na *determinatio* latina, o marco que delimita um terreno, aquilo que o torna fértil em relação ao deserto infinito.

Limitação que lembra, contra a húbris do excesso, esse orgulho que caracteriza todos os períodos de decadência, que existem leis naturais que não podem ser desrespeitadas sem prejuízo, e que é permanecendo dentro dos limites impostos por essas leis que as sociedades podem ser capazes de encontrar ou reencontrar o equilíbrio necessário à sua sobrevivência.

De fato, a exemplo da *Natura* (que vem, é preciso repetir, de *nascor*), nascer significa ao mesmo tempo viver, desenvolver-se e, assim, permanecer. O que caracteriza muito bem, simultaneamente, o curso das coisas e a ordem das coisas. Ou seja, aquilo que constitui as interações e suas relações estruturais. Sabemos que *Natura* é a tradução da palavra grega *physis* – nascer, crescer –, lembrando justamente que não existe nascimento de nada, mas "somente mistura e trocas de coisas misturadas" (Empédocles, fragmento 8).

Sem nos estendermos mais, isso nos lembra que o naturalismo é uma expressão do relacionismo, relacionamento constante entre o ambiente e a socialidade. É essa *primum*

---

83. Martin Heidegger, *Grammaire et étymologie du mot "être"*, Paris: Seuil, 2006, p. 39.

relationis que realmente perdura no imaginário social; a produção cinematográfica, musical e artística, no sentido amplo, é prova disso. É esse relacionismo que também reencontramos na vida cotidiana, em que os diferentes rituais que a marcam e a fazem ser o que ela é dependem de lugares insignificantes ou de "lugares importantes" de agitação. Todas as coisas destacando a importância do enraizamento, da tradição, para compreender profundamente as características do ser-junto, da natureza e do social.

É por isso que, para pensar esse enraizamento, é preciso, para além da atitude crítica que é estruturalmente negativista – é a mente que sempre diz não à vida, não àquilo que existe –, é preciso desenvolver um pensamento radical. A radicalidade, nesse caso, é pensar o Ser como sendo "ser em casa" ou, retomando um conceito heideggeriano essencial, ser-aí ou mesmo "ser-o-aí".

Algumas traduções do filósofo mencionam a proximidade que existe, em francês, entre *être* [ser] e *aître* [átrio]. Bela sugestão, quando se sabe que essa palavra, pouco usual, designava originalmente o terreno ao redor de uma igreja. Terreno que servia, com muita frequência, de cemitério. O que não deixa de evocar o lugar do repouso e das raízes. A igreja e seu átrio também são o lugar em que, tradicionalmente, podia-se encontrar refúgio e onde imperava a "paz de Deus". Lugar de acolhida, o átrio familiar permite se sentir em segurança, reencontrar-se e lutar contra a adversidade exterior: a dos *poderes* estabelecidos, cujo poder parava diante de uma *potência* superior proveniente de tempos imemoriais e que permitia que determinados lugares fossem reservas de vida.

É exatamente isso que a expressão "sensibilidade ecosófica" denota: um instinto proveniente de uma memória imemorial, de um saber incorporado na pessoa e na comunidade que sabe, por experiência própria, que a única vida possível é a que se enraíza num lugar que permite crescimento e desenvolvimento. O que está sintetizado muito bem na metáfora da "planta humana", que, a exemplo de outras plantas, só pode ser o que ela é a partir de um solo do qual ela extrai a sua energia e a sua expansão (um biótopo). O que também reforça o relacionamento com os outros membros da "tribo". Espaço e socialidade: isso é que caracteriza, da melhor maneira possível, o futuro fatídico da nossa espécie animal.

A recusa dessa relação entre o espaço e a socialidade significa a permanência inconsciente da postura maniqueísta, para a qual a "carne" é, e sempre foi, maldita. O que leva a fugir do "mundo", pois o "mundo" e a "carne" são, estruturalmente, a morada do diabo. O que torna toda "habitação" suspeita. Os protagonistas da Revolução, da Crítica, da Dialética e do materialismo histórico certamente ficariam surpresos com o que esses termos pressupõem se lembrarmos a eles que a base da sua abordagem é, simplesmente, um messianismo larvar. É preciso dizer que se limitar a tuitar tende a favorecer ideias curtas. É bem verdade que, assim como o balbucio infantil, o "tatibitate" tem seu charme, e também pode ser útil. Mas é preciso confiná-lo aos prolegômenos da verdadeira reflexão.

Aquela que mostra que, em determinados momentos, existe um tédio diante da utopia. Que nada mais é que uma busca obsessiva pelo "não lugar" (*ou*: não, *topos*: lugar). Negação do lugar em que temos uma função e obsessão por um universo etéreo, um não lugar perfeito, uma sociedade ideal, isto é, construída a partir de uma ideia e não de acordo com a matéria mundana. Ora, é justamente a ideosofia, *stricto sensu* a abstração diante deste mundo, que conduz, de maneira inevitável e em todas as épocas, aos piores totalitarismos. O século XX nos oferece inúmeros exemplos. A sabedoria popular reconhece, há muito tempo, que de boas intenções o inferno está cheio!

É o cansaço diante das obsessões utópicas que produz a sensibilidade ecosófica, cujo vetor principal é a realidade da encarnação. Uma palavra pode resumir isso tudo: *habitus*.

Só estou mencionando essa noção de maneira figurada[84]. Apenas para lembrar que esse termo é a tradução do grego *Exis*, que, em Platão e Aristóteles, indica a importância dos hábitos adquiridos para o equilíbrio da vida social. Na verdade, essas disposições estão na base das atitudes virtuosas que permitem a estabilidade da vida em conjunto. A virtude não se limita à moral, mas é, isto sim, a força intensa que assegura o cimento social. O termo *éthos*, que se tornou uma ética bastante aviltada, uma palavra que utilizamos sem saber muito bem o que significa, é justamente, em seu sentido original, aquilo que garante a coesão da habitação comum. E isso em referência ao lugar em que essa *affectio societatis* se enraíza.

Houve inúmeros empregos filosóficos e teológicos do *habitus*. Recordo o de Oswald Spengler, que, numa referência vegetal pertinente, mostra que é aquilo que permite compreender a aclimatação de uma vegetação específica ao solo que lhe serve de suporte[85]. Essa árvore não poderá crescer e dar frutos se não estiver adaptada ao solo, ao clima e à fauna ambiente.

---

84. Colóquio do Centre d'Études sur l'Actuel et le Quotidien (Ceaq), de 29 de junho de 2016, sobre o *habitus* em Tomás de Aquino. Ver: http://www.ceaq-sorbonne.org. Acesso em: 14 abr. 2020.

85. Oswald Spengler, *Le Déclin de l'Occident: esquisse d'une morphologie de l'histoire universelle*, Paris: Gallimard, 1948.

Também nesse caso, a metáfora da "lei do clima" é extremamente sugestiva. É claro que existem as estufas artificiais aquecidas a petróleo, que permitem introduzir em qualquer lugar uma planta que pode dar frutos em qualquer época do ano. Mas sabemos a qualidade das frutas e dos legumes que ela produz, e a toxidade que isso provoca. As leis da natureza podem ser "ultrapassadas", mas começamos a nos dar conta do preço que é preciso pagar por isso.

Ora, a compreensão da afinidade com o espaço a partir da noção de *habitus*, nós devemos, antes de mais nada, a Tomás de Aquino. Na parte dedicada à "virtude" ele observa, com a perspicácia e a concisão que conhecemos: *habitus dicitur tamquam actio quaedam habentis et habitis*, e, um pouco mais adiante: *inter habentem indumentum et indumentum quod abitur, est habitus medius*[86]. A encarnação é isto: nós nos adaptamos a uma roupa, nos ajustamos a ela. E sabemos que é preciso tempo para habitar uma roupa. Isto é, para nos habituarmos com ela!

Mas é esse ajuste que cria a comunidade. Ao "nos adaptarmos" a uma roupa, devemos assumir os hábitos inerentes ao seu estatuto (professor, jurista, comerciante, operário etc.). Normalmente traduzimos *indumentum* por roupa. Na verdade, seria melhor dizer "investidura". Nas ordens religiosas, esse termo significa a "tomada de hábito" que transforma um indivíduo comum em um membro pleno da comunidade. Comunidade que não é apenas a sociedade contratual, e sim um conjunto extremamente consolidado pela famosa, mas muito desprezada, *affectio societatis*. O que exige um enraizamento

---

86. Tomás de Aquino, *Somme de théologie*, Ia-IIae, q. 49-60, a. 1: "*Habitus* é, por assim dizer, uma adaptação entre aquele que possui e aquilo que ele possui"; depois: "*Habitus* é o ajuste intermediário entre aquele que possui uma roupa e a roupa que ele possui".

dos mais sólidos no lugar que compartilhamos com os outros membros da comunidade.

Enraizamento principista, que São Benedito, em *Regula Magistri*, evoca com veemência. Trata-se, na verdade, de uma preocupação recorrente da regra de o mestre opor-se aos monges "giróvagos", que iam daqui para lá, indivíduos errantes que, portanto, não tinham qualquer base espiritual. A isso ele contrapõe (capítulo 58) a "transformação dos costumes", causa e efeito de uma verdadeira *stabilitas loci*. A estabilidade de lugar que permite seguir a regra e, sobretudo, os rituais diários, fundamento de toda vida em comum.

Essa noção de *habitus*, tão rica e tão complexa, significa essencialmente o processo de reversibilidade. O fato de estar envolvido com uma comunidade e com o lugar que lhe serve de suporte faz com que haja sempre alguma coisa intermediária entre o hábito e aquele que possui um *hábito* e é possuído por esse hábito. E é essa ação intermediária que produz os *hábitos*. Por isso, o envolvimento que é preciso compreender – o ficar preso nas dobras – exige um compromisso constante.

O *habitus* como compromisso permite compreender uma ordem interna, isto é, a lei orgânica baseada na interação entre a mente, a energia e a matéria. Portanto, residir em um lugar significa que temos "troca com". Troca com os outros do mesmo lugar, mas também "troca" com o mineral, o vegetal e o animal que fazem desse lugar o que ele é. Um lugar resultante da sedimentação tradicional ou, como diz o Aquinense: *defuncti adhuc loquuntur*, os mortos ainda falam. Em suma: as raízes como fundamentos da vida.

O espaço é, portanto, uma experiência originária. Sua estabilidade permite paradoxalmente uma abertura, que é

120

outra maneira de expressar o enraizamento dinâmico ou, ainda, como o retrospectivo é prospectivo. Como nesta bela passagem de Henri-Dominique Lacordaire:

> *Quando um prédio tem séculos de existência, suas pedras exalam um perfume de estabilidade que acalma o homem em relação às dúvidas do seu coração. Ele dorme ali como uma criança nos joelhos cansados do avô; ele é embalado ali como o grumete que atravessou cem vezes o oceano.*[87]

A estabilidade assegura e, portanto, tranquiliza. E é a experiência da tradição, o fato de estar em suas entranhas como em uma matriz, que permitirá ao grumete, uma vez terminada a aprendizagem, tornar-se mestre marinheiro. Em todos esses casos, e poderíamos encontrar exemplos semelhantes à vontade, *a forma é formadora*. Isto é, o lugar é um cadinho, sob cuja proteção a vida pessoal e comunitária nasce, se elabora e se fortalece. É isso que suscita o *habitus*: no sentido estrito, uma forma de encarnação. Ou, para dizer em termos um pouco barrocos, uma "invaginação do sentido".

Ou seja: não um "sentido" distante e meio abstrato, mas um "significado" enraizado, vivido aqui e agora, que produz um autêntico consenso social: *cum sensualis*, um compartilhamento de sentimentos que assegura a coesão de todos aqueles que vivem em um mesmo lugar e, portanto, compartilham os valores inerentes ao território em questão. Foi justamente isso que Charles Maurras compreendeu quando percebeu que, ao contrário da

---

[87]. Henri-Dominique Lacordaire, *Vie de Saint Dominique*, Paris: Ancienne Librairie Poussielgue, 1912, p. 326.

moral abstrata, puramente racional, "o que os velhos mestres escolásticos chamam de *habitus* é uma moral profunda"[88]. Poderíamos dizer moral das raízes, ou, melhor, no sentido definido anteriormente, uma ética: *éthos* que consolida a vida comum.

"Moral profunda", encarnação nesta terra, invaginação do sentido... pouco importam as expressões. Basta dizer ligação instintiva com os territórios carnais em que vivemos. Lugares matriciais em que, de maneira quase alquímica, a comunidade é fabricada. É verdade que todos esses lugares estão vazios, escondidos, camuflados. Oficiosos e opostos aos oficiais. É justamente isso que caracteriza o que Gilbert Durand chama de "regime noturno do imaginário", cuja imagem principal é a taça. O recipiente no qual estamos juntos para vivermos juntos, e não em prol de um objetivo distante que, por meio da construção, é *abstrato* e se afasta da concretude cotidiana de um Real vivido.

É instrutivo, aliás, observar que a gênese de todas as coisas é concebida no oculto. O exotérico só pode existir se há o esotérico. O papel das grutas nos cultos de mistérios antigos é bem conhecido. O papel das catacumbas em relação ao que se tornará a civilização cristã foi objeto de numerosos estudos. Uma cidade só existe porque há uma rede subterrânea que lhe permite ser[89]. E será que existe alguma fundação sem que as suas fundações assegurem a sua estabilidade? É essa a estrutura essencial do naturalismo: a organicidade da sombra

---

88. Henri Massis, *Maurras et notre temps*, Paris: La Palatine, 1951, p. 78.

89. Podemos remeter ao artigo de Dayana Karla Melo da Silva, "Asphaltes, réseaux et rivières", *Cahiers européens de l'imaginaire*, Paris: 2016, n. 9, sobre as descobertas contemporâneas efetuadas pelos paulistas, por meio de novas tecnologias, das redes subterrâneas de rios sobre as quais foi construída a cidade de São Paulo; e a Alain Médam, *Arcanes de Naples*, Paris: Éditions des Autres, 1979, p. 46. Ver também Fabio La Rocca, *La Ville dans tous ses états*, Paris: CNRS, 2013.

e da luz. Organicidade que é causa e consequência de uma existência humana em claro-escuro[90].

É essa vida vazia, com seu claro-escuro característico, que assegura uma *reserva* para o ser natural ou social. Essa lei do segredo pode assumir inúmeras formas. Basta compreendê-la de maneira metafórica, como um lençol freático que não vemos, mas que, subterraneamente, sustenta toda vida: da flora, da fauna e, *a fortiori*, toda vida humana. Talvez fosse essa reserva de vida que fazia Hölderlin dizer: "Quem pensou o mais profundo, ama o mais vivo".

No passado, eu chamei isso de "centralidade subterrânea". Uma espécie de filogênese a partir de uma fonte ao mesmo tempo secreta e fecunda. É justamente isto que sugere a noção de *habitus*: um compromisso constante a partir de uma *base* que também é um *recurso*. Uma riqueza escondida, uma reserva que não podemos explorar à vontade, mas que é preciso preservar, para assegurar na longa duração a sobrevivência da vida.

Era o que a sabedoria antiga chamava de *nervus rerum*, o nervo das coisas. Nervo que, apesar de não se ver, não é menos essencial para o organismo como um todo. Ele assegura, de maneira secreta, a razão de ser do organismo. Ele está no centro de todas as coisas. Esse é o *dado* que relativiza a pretensão faustiana ou prometeica de dominar tudo. Ou de "construir" tudo a partir do nada. É justamente esse *dado* que faz as intimações às quais é difícil, e mesmo perigoso, desobedecer. Em suma: o naturalismo, ao contrário do culturalismo construtivista, consiste em se harmonizar ou se comprometer com certo *dom* oriundo de uma matéria que não se dobra à simples ordem da vontade humana.

---

90. Ver Pierre Le Quéau, *L'Homme en clair-obscur: lecture de Michel Maffesoli*, Laval: Presses de l'Université Laval, 2007.

Podemos ilustrar a necessidade desse *dado* por meio desta historieta, contada pelo filósofo Alain. Ele caminhava com o pai, veterinário, que lhe explicou:

> *Por que os norte-americanos, que adquiriram de nós grande quantidade de cavalos percheron, não conseguiam implantar essa raça em seu país? Eles não dispõem, disse ele, de pastos secos como nós. Nos campos normandos, nossos cavalos contraem uma doença no casco, o "sapo", que faz com que eles caminhem na ponta dos cascos; e, por isso, o dorso fica deformado; [...] eu percebi que as formas animais eram como as formas das colinas[91].*

Bela ilustração do *habitus* animal, que podemos aproximar do exemplo dado por Spengler a respeito do vegetal: a relação secreta, mas não menos real, que existe entre o invisível e o visível. Relação que constitui o nervo das coisas da raça percheron, tal como a adaptação do pinheiro dos Alpes (*Pinus cembra*) às grandes altitudes alpinas.

Essa afinidade entre determinado espaço e uma espécie particular, a remissão palavra por palavra à qual isso conduz, pode permitir que se dê um sentido mais preciso à noção de finalidade, pedra angular da filosofia ocidental. O que está em questão não é um finalismo distante, mas, ao contrário, o fato de sabermos nos manter nos limites que a natureza impõe em todas as suas dimensões: mineral, vegetal e animal. É aceitar, portanto, as intimações, ou seja, as ordens específicas que a natureza dá, e às quais precisamos nos adequar para

---

91. Alain, "Histoire de mes pensées", em: *Les Arts et les Dieux*, Paris: Gallimard, 1958, p. 12.

124

que determinada espécie animal – o percheron, por exemplo – corresponda à sua essência. Transplantada para um lugar que não lhe corresponde, essa espécie não dá o melhor de si[92].

Dizendo em termos mais sofisticados, é assim que podemos compreender a noção de "enteléquia" em Aristóteles. O *telos* não como um fim ou um objetivo, mas como um termo ao qual devemos nos adaptar. Desse modo, o naturalismo consiste em nos mantermos dentro do nosso limite[93]. Ao contrário do mito progressista, essencialmente linear, a reversibilidade que induz essa concepção do *telos* como aceitação de limites está preocupada em mostrar que nunca andamos em linha reta, mas por meio de sequências de estados, de realizações sucessivas.

O resultado de uma espécie em função de um espaço – essa é a sua realização.

Limitação, termo: isso nos lembra como a morte é inerente à vida. É aí que está o problema. Pois é justamente isso que o mito progressista se empenhou em negar. Existe asselvajamento na ideia de *Natura*. Uma crueldade ritualizada. As *danças macabras* dos afrescos medievais comprovam isso. Os ilustradores das catedrais não escondiam nada da complementaridade entre a morte e a vida. As ilustrações violentas e

---

92. A noção de "espécie endêmica", amplamente utilizada na botânica, traduz o *summum* dessa adaptação: espécie endêmica é aquela que só cresce em um lugar (ou em determinados lugares) e que encontra ali um solo muito favorável. Há muito tempo, aliás, os botânicos sabem que o que destrói a flora não é tanto a colheita (que pode ser cuidadosa e que muitas vezes faz parte de uma tradição secular, como é o caso do famoso genepi, encontrado nas altas montanhas), mas a destruição do biótopo.
93. Martin Heidegger, *Grammaire et étymologie du mot "être"*, op. cit., p. 41, e Martin Grabmann, *La Somme théologique de saint Thomas d'Aquin*, Paris: Nouvelle Librairie Nationale, 1925, p. 41.

cruéis ensinam que à história que nós eventualmente controlamos sucede o destino ao qual temos de nos adaptar.

Lembro que Dionísio-Baco, uma divindade ctônica, ou seja, desta terra (*Chtonos*), deu origem às bacantes vestidas de pantera (*Pan-therion*, o animal total). As antigas bacanais – como as que ressurgem hoje em dia com outros nomes – têm o papel de evocar a ambivalência própria da *Natura*, seja ela vegetal, animal ou humana. Ambivalência que evoca os sacrifícios incessantes e necessários. Assim, a planta não pode dar seiva a todos os brotos ao mesmo tempo. Alguns perecem para que os outros se desenvolvam.

Essa necessidade do sacrifício, que reencontramos, como assinalei, na figura da Esfinge, figura holística por excelência, ao mesmo tempo humana, animal e dotada de garras e de asas – que também reencontramos no bestiário das "bíblias de pedra" presentes em todas as catedrais medievais –, mostra a complexidade absoluta do ser por meio da totalidade natural desse ser.

Desse modo, o mal não pode ser interpretado unicamente em termos morais. Ele não pertence simplesmente à categoria da maldade. O fogo, a água e o vento exprimem, por vezes, uma parte desse "mal". O animal selvagem é feito dele. O animal humano também. Trata-se de uma força cósmica sobre a qual é preciso saber refletir, mostrando que todas as coisas estão baseadas no bem e no mal[94]. É esse asselvajamento do mundo que o naturalista evoca. É justamente esse desafio que está lançado para a sabedoria ecosófica: como gerir essa ambivalência? Como pensar, em profundidade, a organicidade do mundo?

---

94. Ver, por exemplo, a noção de *Böse*, mal, em Paracelso. Alexandre Koyré, *Paracelse, op. cit.*, p. 70; ver também um clássico de Joseph de Maistre, *Éclaircissement sur les sacrifices*, v. 2, Lion: Pélagaud, 1850, p. 321.

5.
AMOR MUNDI

Muitos
têm pudor
de ir até a fonte.[95]

HÖLDERLIN

Não é a *ultima ratio* da sabedoria reconhecer a ambivalência de todas as coisas ou o claro-escuro de toda vida mundana? É isso que o naturalismo se empenha em nos lembrar, a saber, que o selvagem faz parte da nossa animalidade. E é aceitando essa animalidade que podemos evitar a bestialidade. Não nos esqueçamos de que foi no século XX, herdeiro do Iluminismo e que alardeava essa herança, um século XX orgulhoso por ter chegado ao apogeu da civilização, foi nesse século que assistimos à concepção de outra forma de apogeu: a barbárie dos campos (nazistas e comunistas) sendo auxiliada pelo desenvolvimento tecnológico[96].

O mito do progresso não é nada inofensivo. Ele levou, é preciso dizer e repetir, à devastação do mundo. O saqueio ecológico é prova disso. O que não dizemos o bastante é que ele também levou à devastação das mentes. A solidão gregária das megalópoles contemporâneas é testemunha disso. E é contra, ou melhor, ao lado desse progressismo que a progressividade, a *filosofia progressiva*, lembra que primeiro é preciso saber reconhecer, depois gerir, a ambiguidade estrutural da *Natura*.

95. Tradução de José Paulo Paes. Trecho original: *"Plus d'un/ À pudeur/ D'aller à la source"*.
96. Ver, por exemplo, Yves Stourdzé, *Organisation et anti-organisation*, Paris: Mame, 1973.

É isso que está em jogo naquilo que eu chamo, depois de outros, de pós-modernidade. Trata-se de lembrar simplesmente, por meio desse termo – o mais humilde possível, utilizado para assinalar que uma mudança de paradigma está em curso –, que nunca somos estranhos ao mundo, mas, ao contrário, "somos ele", somos mágica e misticamente deste mundo.

De fato, da queda que se seguiu ao pecado original à teoria da alienação que fez a fama do marxismo, o fio condutor é a não participação na cidade ctônica deste mundo. Recusa daquilo que é, em função daquilo que gostaríamos que fosse, daquilo que poderia ser e, portanto, daquilo que deveria ser. Existe uma relação de reversibilidade entre o fato de se sentir alienado, de se dizer estrangeiro (*alienus*), e o fato de desprezar, até mesmo odiar, este lugar tão estranho, tão inóspito. Essa raiva não é nova. Já houve outras épocas em que ela predominou.

Também não é a primeira vez que, por meio de uma inversão de polaridade ou um processo de reversão, tentamos nos conciliar com a *Natura*. Estoicismo popular recorrente que celebra um *amor mundi* que vem acompanhado de um *amor fati*. Na verdade, o amor pelo mundo é correlato de uma aceitação do destino no qual felicidade e infelicidade estão unidas para sempre. Fiquemos no nível das platitudes. Assim como a vida e a morte são uma coisa só, como a noite e o dia estão ligados, assim é com relação à *Natura*...

Nesse sentido, pensar a pós-modernidade (re)nascente é, simplesmente, renovar um "Discurso sobre o método" que se adapta àquilo que, de maneira inevitável, está chegando: a ambiguidade. É instrutivo, aliás, que o manifesto sobre o pós--modernismo do arquiteto Roberto Venturi seja um discurso sobre essa noção[97]. Precisamente ao lembrar, ao mesmo tempo, a diversidade – uma colcha de retalhos construída por elementos aparentemente heterogêneos – e a necessidade do enraizamento. Uma lógica da união e da complementaridade das coisas.

União que não deixa de lembrar que, retomando uma ideia de Santo Agostinho (*Confissões*, XI, 20, 26), a realidade do tempo é um triplo presente. A memória como presença do passado. A atenção como presença no presente. A expectativa como presença do futuro. Outra maneira de dizer "instante eterno". Uma eternidade vivida aqui e agora. Eternidade presenteísta, integrando aquilo que é inevitável: o trágico vivido um dia de cada vez.

É interessante observar que, sem conscientizá-lo ou verbalizá-lo enquanto tal, as jovens gerações vivem, em osmose com o naturalismo, esse asselvajamento do mundo. Para perceber isso, basta escutar suas músicas, prestar atenção a suas festas e às diversas reuniões festivas, observar o que acontece num HellFest, sem esquecer as agitações típicas das redes sociais, dos tatibitates e outros fóruns de discussão. Para perceber que isso é essencialmente presenteísta e, portanto, trágico.

Através disso tudo, sentimos uma espécie de respiração cósmica, um misticismo sensual que procura entrar novamente em comunhão com a terra-mãe. Com a ajuda da cibercultura, dos *videogames à la Pokemon Go*, é preciso sair de si, do pequeno eu individual, para aceder a um Eu mais vasto, o da *Natura*, no qual, naturalmente, o selvagem (*Wilderness*) tem um papel não desprezível. Mais que um paganismo, muitas

---

97. Robert Venturi, *De l'ambiguïté en architecture*, Paris: Dunod, 1999.

vezes malvisto, podemos, em referência à *gaia* grega, falar de um movimento "gaio" que se dedica a restituir à *Natura* seu papel matricial. Uma vez mais, estamos diante da invaginação do sentido!

É importante ficar claro que esse retorno à matriz está longe de significar uma tranquilidade total. Aliás, talvez seja a dureza do naturalismo, em toda a sua ambiguidade, que torna a pós-modernidade tão inquietante para alguns. A tal ponto que é frequente ouvir o *establishment* universitário falar do fim de uma pós-modernidade que ele nunca analisou com a seriedade que ela merece. Ou seja, *sine ira et studio*, serenamente.

Muitas pessoas, recusando-se a enxergar o que está diante delas, negam a própria existência da ambiguidade, da ambivalência e, portanto, do asselvajamento que as acompanha. Cego pelas Luzes – que se tornaram um pouco intermitentes –, o farisaísmo jornalístico, político e acadêmico esquece que, em seu conjunto, a Natureza também é cruel. Aliás, é quando uma sociedade não sabe reconhecer e ritualizar uma parte da sombra que ela se enfurece e se torna perversa e sanguinária. Como eu assinalei várias vezes, a sabedoria perfeita consiste em se livrar (*catharsis*) dessa "parte do diabo" em vez de ignorá-la.

Em um apólogo instrutivo, Carl Gustav Jung, a propósito de sua mãe, faz referência a uma encarnação da "mente natural"[98]. Dura como a verdade e a natureza. Ele ressalta que o verdadeiro conhecimento se baseia em um "instinto ou uma participação mística com o outro. Poderíamos dizer que são os olhos do segundo plano que veem, numa ação impessoal intuitiva"[99].

98. Em inglês no original: *natural mind.* [N.T.]
99. Carl Gustav Jung, *Ma Vie: souvenirs, rêves et pensées*, Paris: Gallimard, 1967, p. 71.

São justamente esses "olhos do segundo plano" que a sensibilidade ecosófica utiliza, amplamente difundida na sociedade oficiosa em geral e atuante em especial entre as jovens gerações. É precisamente isso que permite apreender a *Natura* em seu conjunto. A mãe rígida que lembra que os sentidos têm um lugar ao lado da razão, para compreender de maneira holística a ambiguidade e a ambivalência características da nossa espécie animal.

Essa é a sabedoria da "mente natural". Sabedoria encarnada que é capaz de pensar e de viver todos os aspectos da encarnação. Ou seja, o fato de que habitamos a natureza, encontramo-nos dentro de um ecossistema, e tudo isso significa que, muito além da dominação, existe uma "participação" muito mais profunda na simplicidade das coisas naturais. Como dizia, em seu tempo, um cantor à época um pouco rebelde: "Não é o homem que domina o mar, é o mar que domina o homem" (Renaud).

Para compreender bem a totalidade típica do retorno do naturalismo e da sensibilidade ecosófica, que é a sua expressão, podemos fazer referência à transformação sofrida pela história da arte dos gregos aos romanos. Aqueles gostavam de estátuas em tamanho natural, sensíveis que eram à estatura, ao caimento da roupa e ao gesto. Em suma: ao conjunto do corpo. Os romanos, pelo contrário, se limitavam ao busto[100]. No primeiro caso, a linha do corpo destacava a postura do homem que se situava integralmente em um mundo que lhe servia de porta-joias. Com a Roma Antiga, pelo contrário, é o cognitivo que prevalece. A Razão vai, aos poucos, tornar-se soberana. O saber se isola do Real.

---

100. Lucien Braun, *Iconographie et philosophie*, Estrasburgo: Presses Universitaires de Strasbourg, 1994, p. 16.

Quanto à sensibilidade ecosófica, ela se situa na linhagem do homem grego e da sua concepção de uma *physis*, de uma natureza global, isto é, que une de maneira dinâmica aquilo que, posteriormente, seria aos poucos segmentado: pessoa, tribo, natureza. "Holismo" (*olos*, o todo), retomando uma palavra da *deep ecology* ou da religiosidade contemporânea, que alia, numa mistura fecunda, a estabilidade e o futuro. E isso, poderíamos dizer, numa solidariedade triangular, aquela que une, com sua complexidade fecunda, o microcosmo pessoal, o mesocosmo comunitário e o macrocosmo natural.

Essa tríade arquetípica – que encontraremos em diversos trabalhos de historiadores e antropólogos, mas cuja raiz principal é o "mistério da Santíssima Trindade", a pericorese divina – concretiza o relacionismo como origem de toda vida existente[101]. Na verdade, a ideologia tripartite não explica apenas o funcionamento social, político ou econômico. Ela está na própria raiz do Ser ou, como dizia Augusto Comte, do "Grande Ser" que rege todos os fenômenos que nos foi dado conhecer.

Trata-se de uma característica fundamental. Ou seja, de uma "marca" que, com diferentes nomes, sempre foi reconhecida por toda parte e por todos. Por isso, ao contrário do mecanicismo que, durante a modernidade, separou os diversos elementos da "unicidade trina" de todas as coisas, o que está em jogo no naturalismo é precisamente o reconhecimento da organicidade como sendo justamente aquilo que caracteriza a vida. Organicidade do mineral, do vegetal e do animal como princípio gerador, organizador e diretor do humano.

---

101. Ver Emmanuel Durand, *La Périchorèse des personnes divines, op. cit.* Ver também Georges Dumézil, *Mythe et épopée*, v. 1, Paris: Gallimard, 1995, p. 45, e Georges Duby, *Les Trois Ordres ou l'imaginaire du féodalisme*, Paris: Gallimard, 1978.

A propósito de outra numerologia, a quaternidade (mas não estou certo de que seja muito diferente), Heidegger assinala que o "para si" é o efeito de um "fora de si". O vai e vem entre os diferentes elementos é uma "transpropriação expropriante" em que cada elemento é "expropriado na direção daquilo que lhe é próprio"[102]. Em outras palavras, é o Outro que me cria. Qualquer pessoa só existe através do olhar e sob o olhar do Outro.

O mecanicismo reduz o Outro ao mesmo. A natureza é reduzida à cultura (cimentada). A comunidade é reduzida ao indivíduo (isolado). A divindade é reduzida a um "unitarismo" (a unidade rígida de um Deus racionalizado). A organicidade, muito pelo contrário, é a lembrança da unicidade primordial das coisas. Uma espécie de anamnese arquetípica como conhecimento originário da vida. O que incita um pensamento radical que se dedica a identificar as raízes a fim de compreender melhor o crescimento e o desenvolvimento do dado mundano.

Essas são as "imagens primordiais", que, segundo a psicologia analítica, animam o inconsciente coletivo, ou, para os etologistas, os comportamentos animais em geral. É a isso que está atenta a organicidade naturalista: não separar, mas reunir. O que é o centro nervoso do imaginário e do cotidiano, ao mesmo tempo pessoal e comunitário. Sinergia entre a memória, como experiência coletiva sedimentada, e um presente que caracteriza a vida de cada um. Como lembra o poeta, é isso que valoriza o "virgem, o vivaz e belo dia de hoje" (Mallarmé).

O naturalismo lembra que os tipos eternos permitem compreender a ordem das coisas ou a *natura rerum*, a natureza

---

102. Martin Heidegger, "La Chose", em: *Essais et conférences, op. cit.*, p. 194 ss.

das coisas. Não buscamos um objetivo distante a ser alcançado mais tarde, e sim um "vivaz dia de hoje", no qual as realidades móveis são fruto de uma ordem imóvel. Como já assinalei, é isso que a "enteléquia" da filosofia grega ressalta: aquilo cujo fim está em si mesmo. Outra maneira de dizer que a natureza é a fonte e o fim de toda vida.

Sem utilizar essas palavras, é essa reversibilidade que reencontramos no "bom senso", atributo daquilo que Augusto Comte chamava de "país real". Ao sistematizar esse bom senso, ele ressaltou como, por um lado, os "impulsos pessoais vêm em socorro dos afetos sociais", e, por outro, o quanto devemos à ascendência indispensável das gerações anteriores[103]. O papel dos afetos e da tradição se insere na linha da "natureza das coisas" que o racionalismo moderno se dedicou primeiro a fragilizar e depois a erradicar.

A *tabula rasa* cartesiana, fazer "tábula rasa" das antigas crenças, tinha uma legítima função heurística. Isso pode ajudar no processo de descoberta, nem que seja desobstruindo uma linha de pensamento um pouco entupida por velharias teóricas. Pouco a pouco, porém, essa caminhada tende a se tornar dogmática, culminando, segundo um hino religioso muito conhecido, em "façamos tábula rasa do passado". Refrão repetido por adolescentes generosos que não percebem que nada mais fazem que retomar e cantar algumas velharias ultrapassadas.

De maneira muito mais segura, a "visão do segundo plano", a "mente natural" já mencionada, permite enxergar o papel desempenhado pela complementaridade para o organismo

103. Auguste Comte, *Calendrier positiviste, op. cit.*, e Patrick Tacussel, *L'Imaginaire radical, op. cit.*

vivo em geral e para a organização da vida social em particular. Complementaridade dos instintos e da razão, reversibilidade dos afetos pessoais e coletivos. De minha parte, sugeri que se utilizasse o oximoro "razão sensível" para descrever essa dinâmica, para compreender o sentimento fundamental, o "sentimento de vida" (*Lebensgefühl*), vetor essencial de toda sensibilidade ecosófica.

Trata-se de um querer-viver primordial que encontramos nos diversos reinos do dado mundano. Querer-viver que desperta o mineral, o vegetal e o animal e interage com eles, e que parece fazer eco à ordem do Zaratustra de Nietzsche: permanecer fiel à terra! Algo que parecem esquecer todos aqueles que, militantes de todas as categorias e sectários do "cientificismo", aspirando a um mundo melhor, acabam desprezando este "pobre mundo".

Além dos ataques verbais, especialidade dos fuxiqueiros de todo tipo que acabamos de mencionar, o *conhecimento ordinário* das coisas da vida, aquele que não aspira à intangibilidade de uma ciência imutável – em uma palavra, o senso comum –, compreende, há muito tempo, que é preciso saber assimilar as lições que se sedimentaram na longa duração. E, para tanto, seguindo o pensamento de Husserl, pôr entre parênteses (*epoché*) o "saber aprendido", o das matérias "escolares" e das diatribes fúteis que elas não deixam de suscitar.

O conhecimento natural começa com a experiência[104] (*Erfahrung*). Experiência tradicional, que não despreza em nada os afetos, o sensível, as emoções e outras paixões. E que sabe, portanto, que as provas simbólicas e reais fazem parte

104. Edmund Husserl, *Idées directrices pour une phénoménologie*, Paris: Gallimard, 1950, p. 14.

de toda vida. Morte e ressurreição se reproduzem continuamente. É isso que constitui a afinidade da vida social com seu suporte natural.

Um conhecimento natural ou ordinário que pertence exclusivamente àqueles que podemos chamar de pessoas comuns ou àqueles que o saudoso Pierre Sansot denominava *"gens de peu"*, pessoas pobres. Que têm pouco e são muito. Elas têm uma sabedoria indiscutível, de um saber incorporado e, portanto, capaz de compreender a lógica da encarnação, que é o centro nervoso da sensibilidade ecosófica. Algo que cada um pode experimentar quando, abandonando a esfera do raciocínio abstrato, reencontra em um bairro urbano ou em um vilarejo conhecido a autêntica vida cotidiana, inspiradora de uma verdadeira reflexão.

Quanto a mim, é quando volto ao meu lugar de origem, num canto perdido das Cevenas, que experimento essa sabedoria. Sua serenidade, que, deixando que as coisas existam, reconhece que elas têm alma. Serenidade baseada num sentimento trágico da vida, isto é, que aceita a vida em sua plenitude, na qual a alegria da geração e da regeneração está sempre próxima dos abismos mais sombrios. Outro modo de lembrar a lei inexorável da deusa *Natura*: é do meio da morte que a vida lança sua chama mais viva.

Lei da natureza que é, simplesmente, a lei do destino, que não é justo nem injusto; ele simplesmente é. E é preciso se acostumar com isso. Na mitologia grega, Epimeteu estimula sua mulher Pandora a abrir a famosa caixa que Zeus lhe tinha dado. Caixa que continha todos os males que afligiriam a humanidade, entre os quais a esperança. No grego do nosso tempo de colégio, nas aulas de humanidades, havia esta frase cuja eufonia nos fazia sorrir: *alla gar elpis ephè kaka*, mas que queria dizer simplesmente: "mas a esperança dizia coisas más".

Em suma: a ilusão de um mundo melhor é um pouco nociva. Em termos mais familiares: "de boas intenções o inferno está cheio". Daí a necessidade de nos aclimatarmos a este mundo. Este é o futuro predestinado de todas as coisas: devemos aceitá-las por aquilo que elas são. O naturalismo consiste simplesmente em aceitar esse estado de coisas. Sem esquecer que periodicamente vem o tempo em que os cavaleiros do apocalipse reaparecem para *revelar* (*Apokalypsis*, revelação) a necessidade do destino. Revelar a complementaridade natural entre a morte e a vida, o dia e a noite, o sol e a tempestade, o furacão e o zéfiro[105] etc. O esplendor da aurora só pode acontecer porque houve o cinzento do crepúsculo e o terror da noite.

Mas é justamente essa complementaridade natural que pode ocasionar o deixar-estar da serenidade. Ou então os exercícios de admiração que pontuam algumas obras importantes. A título de exemplo, este devaneio de Jean-Jacques: "O contemplante se perde com uma deliciosa embriaguez na imensidão do belo sistema com o qual ele se sente identificado [...] ele só vê e sente algo dentro do todo"[106].

Em outras palavras, uma participação mística nesse *todo* que é a natureza. Identificação holística, nesse caso um pouco extática, mas que não deixa de estar relacionada aos êxtases contemporâneos que são as paixões "orgânicas", as emoções paisagísticas, a excitação típica dos acampamentos de naturismo e dos inúmeros cultos do corpo, nos quais esse

---

105. Vento do ocidente, entre os gregos. [N.T.]

106. Jean-Jacques Rousseau, "Les Rêveries d'un promeneur solitaire", em: *Oeuvres complètes*, v. 1, Paris: Gallimard, 1965, p. 1062, "7ᵉ promenade".

último se perde e se encontra celebrando o imenso corpo da natureza.

Portanto, a sabedoria serena do "deixar-ser" não está mais dentro da paranoia da postura dialética, fio condutor das várias teorias modernas da emancipação. Postura que consiste, segundo o conceito da doxa hegeliana ou marxista, em ultrapassar (*Aufhebung*) o que é – ou seja, o que é mau – para alcançar uma síntese melhor e, em todo caso, mais completa. Sabedoria que é mais bem encontrada, parece-me, na noção heideggeriana de *Verwindung*, que compreende simultaneamente a *retomada* das coisas antigas e a *distorção* que podemos produzir na experiência presente, com o todo resultando numa espécie de *assunção*, isto é, uma elevação, no sentido pleno do termo, daquilo que é.

Não se trata de uma resignação diante do inevitável, e sim de uma aquiescência que não deixa de provocar uma alegria indiscutível. Já ressaltei, em obras anteriores, que nas épocas em que o sentimento trágico predomina, vemos ressurgir o sentimento festivo. Não é preciso elencar a multiplicidade de festas que marcam a vida cotidiana. Em cada uma delas se exprime a preocupação naturalista com o tempo, que se escoa inevitavelmente, e com a necessidade, portanto, de aproveitar os bons momentos que se apresentam. Essa filosofia da oportunidade é o renascimento de *Kairós*, deus da ocasião oportuna. Deus calvo, ou com apenas um tufo de cabelos na cabeça, que era preciso segurar prontamente, pois não seria possível agarrá-lo pelos cabelos depois que ele desse meia-volta!

Filosofia do instante eterno. Não de uma eternidade vindoura, mas daquela que se vive aqui e agora. A "ultrapassagem" do culturalismo moderno postula sempre que se deve esperar outro lugar. A assunção do presente se aninha nas dobras de uma natureza que, embora rude, continua sendo, mesmo assim, uma boa mãe, já que oferece recantos em que podemos nos revitalizar ou nos reconstruir. É isso que nos sugere Chateaubriand: "Compreender que tudo é contemporâneo para quem compreende a eternidade". De fato, ser contemporâneo do passado e do futuro é o que permite amar o presente!

Essa assunção da mãe natureza é coerente com aquela bela imagem oriunda da nossa latinidade distante: *Fortuna*, a roda da fortuna. Ela gira! E é por girar que ela cria o senso de medida e de moderação (*sôphrosynê*).

Um controle de si alternativo ao controle do mundo. Uma vez mais, estoicismo das pessoas comuns que regula os desejos e os prazeres de acordo com a natureza. E que se opõe à arrogância do excesso que, em todas as épocas, provoca as piores catástrofes. Como observa Heráclito: "É preciso extinguir o exagero mais ainda que o incêndio". Salvo que, hoje em dia, os incêndios resultantes do excesso progressista não são mais potenciais, mas bem concretos.

Por isso, ao contrário da húbris característica da dialética e da "ultrapassagem" que está em sua origem, o respeito provocado pela assunção da mãe-terra dá sentido novamente à noção de "progressividade". Essa, retomando uma metáfora musical, a *progressio harmonica*, baseia-se numa mudança de registro, produzindo mais acordes harmônicos à medida que a sinfonia ganha sonoridades mais ricas e mais profundas[107].

---

107. Michel Maffesoli, *Matrimonium, op. cit.* Sobre a *progressio harmonica*, ver Henri Corbin, *Terre céleste et corps de résurrection: de l'Iran mazdéen à l'Iran shî'ite*, Paris: Buchet/Chastel, 1961, p. 15 ss.

Progressividade que ressalta a importância das raízes, isto é, da tradição, para toda criação humana. Criação que só pode ser compreendida a partir do respeito, do comedimento e da moderação que devemos ao macrocosmo (natureza) em que o microcosmo individual está inserido.

A progressividade é aceitar ser quem somos a partir do outro. Outro modo de exprimir a aceitação das leis da natureza que é perigoso "ultrapassar", já que as consequências dessa "ultrapassagem" são incalculáveis.

Usando termos mais rebuscados, o individualismo epistemológico moderno que leva ao "ser humano como senhor e dono da natureza" se baseia num "princípio de individuação" fechado em si mesmo. O que leva a um indivíduo puramente racional e que só estabelece contato com a alteridade no contexto do "contrato social". Contrato puramente cultural, contrato que nega qualquer valor ao substrato natural. Sua consequência é o controle da natureza e da história humana.

O paradigma alternativo é a "abialidade" (*ab alius*), isto é, sermos nós mesmos a partir do Outro. Por exemplo, o outro da comunidade na qual a pessoa se realiza. Ou o outro da natureza que, certamente, limita e determina, mas permite um crescimento mais harmonioso, pois é feito, como assinalei, de moderação e comedimento. Ser determinado pelo outro da natureza é aceitar o destino. É reconhecer que existe uma necessidade própria à alteridade que não podemos restringir e que é inútil negar.

Deixemos de lado esse termo um pouco sofisticado, "abialidade", e limitemo-nos a reconhecer que inúmeros fenômenos contemporâneos dependem dessa aceitação da alteridade. As posturas das tribos urbanas, os diversos mimetismos, as contaminações de todo tipo, a transformação do mundo em moda que faz com que imitemos sempre os outros membros da tribo são, todas elas, expressões do naturalismo renascente. Pois essas "leis da imitação" (Gabriel de Tarde) são muito antigas e, numa palavra, tradicionais.

Acontece, e isso não é irrelevante, que é essa comunhão com a alteridade que reforça o princípio de fraternidade ou de *affrèrement*[108]. Princípio que estava na base de um contrato, passado diante de um tabelião e que regulamentava a vida em comum. Comunhão de bens, residência comum, em suma, uma coabitação fundada no parentesco: o fato de viver-junto em um lugar específico oriundo da terra-mãe e partilhando seus frutos. O que exprime melhor o movimento da vida em sua totalidade. A aceitação do Outro, fundamento mesmo do naturalismo, como a garantia da harmonia gradual de todas as coisas.

O que está em jogo nessa *progressividade* é a amplitude do seu espectro. Ela não reduz o mundo a uma raquítica realidade econômica, política ou social: ela o compreende como um Real muito mais amplo, um Real centro da união, em que a pluralidade e as diversidades têm seu lugar. É isso que podemos chamar de "holismo". Aquilo que a sensibilidade ecológica procura exprimir: a harmonia conflituosa das particularidades que participam do Templo da natureza onde as partes formam um conjunto perfeito.

108. Termo do languedociano (dialeto occitano falado na região francesa do Languedoc), significa "fraternização". Ver: Michel Maffesoli, "A lei dos irmãos", em: *Revista Famecos – Mídia, cultura e tecnologia*, Porto Alegre: 2012, v. 19, n. 1, 2012, pp. 6-15. [N.T.]. Sobre "affrèrement", ver Michel Maffesoli, *Le Trésor caché, op. cit.* Ver também Isac Chiva e Joseph Goy (orgs.), *Les Baronnies des Pyrénées: anthropologie et histoire, permanences et changements*, Paris: EHESS, 1999.

A afinidade com os lugares em que vivemos, a fraternização que é sua consequência, o lugar fazendo o elo – são essas as características essenciais do renascimento naturalista. Não ficar mais cego pelos *acontecimentos* históricos, mas se dedicar a reconhecer o ressurgimento dos *adventos* predestinados. Outra maneira de explicar a permanência da Tradição e dos arquétipos, que são a sua causa e a sua consequência. É essa anamnese arquetípica que permite compreender a transubstanciação que está ocorrendo, subterraneamente, no imaginário pós-moderno: a presença real da natureza e na natureza. De fato, é reconhecendo e aceitando a sua aspereza que podemos sentir a beleza da terra, da terra natal.

Em todo caso, é justamente essa presença no dado mundano que, com a ajuda das redes sociais, está cada vez mais marcante na vida social. Portanto, é além e aquém da vida social oficial, mas também da ecologia política, que está sendo elaborado o paradigma ecosófico. Seja sob uma forma militante ou, mais discretamente, numa multiplicidade de práticas cotidianas, um outro relacionamento com a terra-mãe – relacionamento feito de conivência e de cumplicidade – está surgindo. E é muito provável que as gerações jovens intensifiquem esse processo.

O que a renovação dessa sensibilidade ecosófica indica é justamente a saturação inevitável e já bastante avançada do paradigma patriarcal, que, das etnias indo-europeias ao judaico--cristianismo, foi a característica essencial da civilização ocidental[109]. Modelo patriarcal que vive seus instantes derradeiros, extremamente perversos, no Islã contemporâneo. Quanto

---

109. Marie-Louise von Franz, *C. G. Jung: son mythe en notre temps*, Paris: Buchet/Chastel: 1996, p. 166 ss.

ao naturalismo, ele é o renascimento dos cultos típicos das deusas mães, que podemos sintetizar na celebração de Gaia, baseada essencialmente na incorporação do feminino. Será um novo matriarcado que se anuncia? É um pouco prematuro dizer. O que é certo é que essa incorporação do feminino conduz, retomando a metáfora que eu sugeri, a uma *invaginação do sentido* que chama a atenção para a matriz natural da terra-mãe.

Essa fraternidade, que participa misticamente da deusa primordial, Gaia, a terra-mãe, obriga-nos a dar um sentido mais forte à ideia de gestão e à ideia de "gerir" o ambiente natural, mencionada anteriormente. O que, de maneira mais ampla, levará também a reavaliar a administração empresarial, política ou social. "Gestão", ou seja, preservação da casa comum, que não pode mais ser dominante ou vertical, mas que deve levar em conta, isto é, cuidar do "nicho", do "cadinho" em que fomos lançados: este mundo.

Processo de compartilhamento, de participação e de reversibilidade bem sintetizado em uma palavra de Nicolas de Cues: *manductio,* conduzir pela mão. Existe algo de meigo, de lento e de reservado nessa condução. Algo que evoca o recato ou o respeito que devemos à antiguidade da tradição. Não a arrogância do dominador, mas a moderação própria da "douta ignorância" preocupada com a origem das coisas. Não é isso que nos diz Hölderlin? "Muitos têm pudor de ir até a fonte."

6.
O SACRAL NATURAL

Deus sive Natura.
ESPINOSA

Sim, é necessário "ir até a fonte". Ir na direção do ponto originário a partir do qual escorre a existência humana e, talvez, todo o dado natural. Originário ou, ainda, iniciação, é o que abre (*orior*) o ser social e, certamente, o excesso de ser societário. Há um conhecimento da origem, feito de recato e moderação, que permite que se constitua uma reserva, uma provisão essencial da qual as espécies animais vão extrair o que lhes assegura a permanência no ser.

Por que não chamar essa fonte fecundante de "sacral"? Ou seja, um "numinoso" ao mesmo tempo fascinante e inquietante, mas cujo mistério não procuramos quebrar. É um sagrado difuso presente no inconsciente coletivo e, portanto, tudo menos individual. Ele é a causa e a consequência dessa "participação mágica" que faz com que "nós sejamos" os outros – sentimento de pertencimento tribal – e as coisas – natureza circundante da qual somos parte integrante.

É a *Weltglaube*, essa crença no mundo, ou do mundo, que confere à fé uma dimensão cósmica. Emerson dedica um dos seus "Ensaios" àquilo que é traduzido como "Alma suprema",

Over soul[110]. Talvez tivesse sido melhor falar de uma alma global ou alma do mundo, maneira simbólica de ressaltar a totalidade do ser. O espírito geral no qual cada um está contido. O sentimento de pertencimento, cuja expressão máxima é o instinto de parentesco.

É isso que a energia fundadora de tudo que existe reflete. Ou seja, o que permite que tudo e todos perseverem no ser. O que explica que, sempre e uma vez mais, existam impulsos de crescimento a partir de uma lei natural intangível. O que implica que não devemos jamais nos afastar do velho solo primitivo, fundamento do *habitus* (Tomás de Aquino) e do *exis* (Aristóteles), fundamento do *habitar* e dos *hábitos*, com o todo constituindo esse *hábitat* cotidiano no qual é tão bom estar.

Não se afastar do "solo primitivo", seja ele tangível ou simbólico, significa, simultaneamente, não sucumbir ao charme ruidoso da revolta, que os teóricos da emancipação do século XIX tão bem transformaram em música, tampouco ao charme discreto da ideosofia, formalizada pelo culturalismo ou pelos diferentes idealismos. Trata-se, nos dois casos, de acreditar que é possível se livrar da implacável lei da gleba, isto é, do futuro determinado pelo destino que, certamente, nos liga a um território, mas que, ao mesmo tempo, nos liga aos outros.

O "social" moderno, esse estar-junto racional, tem como categoria essencial a temporalidade, a história que podemos dirigir. A "socialidade" pós-moderna, a exemplo da pré-modernidade, é determinada pelo espaço em que a nação, o território, o instinto e o sangue ocupam um lugar de destaque.

---

110. Ralph Waldo Emerson, "L'Âme suprême", em: *Sept Essais d'Emerson*, Bruxelas: Lacomblez, 1907, p. 207.

Isso, porém, é muito complexo e não pode ser reduzido a alguns simplismos conservadores. Para as mentes curiosas, remeto a um texto sobre o "espaço da socialidade"[III], uma explicação do apotegma de Mefistófeles, de Goethe: o sangue "é um elixir cheio de mistérios".

Lembremos que o mistério é aquilo que não se deixa reduzir à simples razão discursiva, a do pensamento. Isso nos obriga a compreender o mistério também a partir dos sentidos: *Nihil est in intellectu, quod non prius fuerit in sensu* (Tomás de Aquino). Compreensão oriunda do sensível, muito mais complexo. E é essa totalidade que faz com que o mistério una os iniciados entre si, isto é, que ele funde e reforce a comunidade de destino. Comunidade oriunda do mesmo lugar e que cresce a partir do mesmo solo. Nunca é demais repetir: o lugar cria o elo.

O lugar comunitário é um *mesocosmo* que permite que o *microcosmo* individual se aclimate ao *macrocosmo* ambiente. E é essa interação que constitui aquilo que Augusto Comte chamava, de forma premonitória, de o "Grande Ser". É isso que o neologismo "sacral" ressalta: a divindade integral que repousa no movimento perpétuo da força própria do relacionismo. É isso que a sensibilidade ecosófica está redescobrindo. Revisitando, sem saber muito bem, a intuição singular de Espinosa: *Deus sive natura*. Enquanto o culturalismo, ao dicotomizar e separar, conduziu, logicamente, ao famoso "desencantamento do mundo", o naturalismo, dentro do processo de "religação" entre os diversos elementos do todo mundano, é uma eterna teofania: o divino se encarnando na coisa do mundo, naquela coisa que é o mundo.

III. Ver Michel Maffesoli, *La Conquête du présent* (1979), reeditado em *Après la modernité?, op. cit.*, pp. 745-62.

148

Por meio de uma surpreendente teologia natural, essa relação entre Deus e a *Natura* reflete um estoicismo popular que, por meio de mitologias, contos e lendas, ou simplesmente de uma religiosidade ambiente, "participa" da energia natural, causa e efeito de um *impulso vital* que sofre uma difração no dado mundano como um todo.

Por exemplo, na força cega do mineral, força que se especifica no vegetal, força que se torna instinto no reino animal e se conscientiza na espécie humana.

"Deus", isto é, a natureza, é a divindade que se revela no mundo visível e, no entanto, misterioso ou oculto. *Deus absconditus* (Isaías 45:15), que não é imediatamente acessível, mas que, através de inúmeras manifestações nos elementos benéficos ou maléficos da potência natural, não está menos presente. Potência natural que pode assumir nomes diferentes, de acordo com as mitologias: Maia, Ísis, Cibele, Deméter, Gaia. Trata-se sempre de afirmar a faculdade geradora e reprodutora inerente ao que Pitágoras chamava de "Grande Alma do Mundo".

Portanto, o que está em jogo no naturalismo que está renascendo como a Fênix hoje em dia, que está no inconsciente coletivo, é a sensação da (força da) ideia de *Potência*. Potência como princípio gerador, oculto, mas não menos eficaz. Princípio de uma harmonia universal, de uma ordem interna que assegura, na longa duração, o equilíbrio do dado natural e do seu equivalente social.

Ordem que é, retomando uma frase do Aquinense, *Actu essendi*: o ato de ser, de uma vida que não precisa ser pensada para nascer. Ordem interna que pode assumir diversos nomes, mas que é idêntica a si mesma. É o *Kosmos* dos gregos, a *Maat* dos egípcios, o *Asa* para os persas, o *Darma* para os indianos, o *Tao* para os chineses – e a lista poderia ir longe[112]. Basta reconhecer, de maneira realista, a dimensão mágica da existência a partir das forças que atuam no cosmo. Forças que provocam atrações/rejeições que, secretamente, animam toda vida (vegetal, animal, humana). Trata-se, nesse caso, do centro nervoso da intuição do ser ou do sacral como esfera do numinoso.

Lembremos que, para exprimir a multiplicidade de Deus, o catolicismo tradicional – ao contrário do unitarismo um pouco racionalista dos diferentes ramos do protestantismo – dedicou-se a criar pessoas distintas com os atributos da divindade. Por isso o "sopro de Deus", o "Espírito Santo", a "sabedoria de Deus", sem esquecer a infinidade de santos do calendário litúrgico, entre os quais muitos eram divindades telúricas que, de maneira muito sábia, a Igreja não deixou de "batizar", ou seja, de assimilar, para fazer delas objetos do culto popular[113].

Apenas como um lembrete, a festa das Rogações é, nesse aspecto, instrutiva. Dando continuidade, nos primeiros séculos da Igreja Católica, às festas romanas das *Robigalia* (cerimônia para a proteção dos cereais) e a algumas práticas druidas que sobreviveram, as Rogações são preces de súplica (*Rogare*). Todos os santos do calendário litúrgico são invocados numa longa litania para que atendam às necessidades da comunidade e à continuidade do curso da natureza. A prece é simples: *Te rogamus, Audi nos* ("te pedimos que nos ouça"). Em suma, a prece é feita para que se receba, em contrapartida, os bens terrenos. Também nesse caso, uma transcendência imanente.

---

112. Ver Jan Assmann, *Religio duplex, op. cit.*, p. 180.

113. Ver Gilbert Durand, *La Foi du cordonnier*, Paris: Denoël, 1984; ver também Ernest Renan, *Vie de Jésus, op. cit.*, p. 258 ss, e Jacques de Voragine, *La Légende dorée*, Paris: Garnier, 1967.

Uma encarnação da fé na qual a natureza e a comunidade estão intrinsecamente ligadas.

Vejamos o que Chateaubriand tem a dizer: "Ao expulsar as divindades pagãs dos bosques, nossa religião ampliada devolveu a natureza à sua solidão"[114]. Uma solidão natural e social, consequência da dicotomização, cada vez mais visível, entre o corpo e a alma, a matéria e o espírito. Dicotomia que separa, até mesmo opõe, aquilo que estava, na origem, em íntima e sólida relação. E é justamente essa reversibilidade que reencontra força e vigor na sensibilidade ecosófica.

Com a festa das Rogações e os outros cultos dos santos, o astuto catolicismo tradicional dedica-se a repovoar miticamente seu ambiente natural. Ele lembra que os seres estão sujeitos às leis da natureza. E, para além da húbris que sempre renasce, é preciso saber se sujeitar a essas leis e desconfiar dos diversos estímulos à transgressão. É desse modo que podemos compreender o renascimento do sacral: aceitar a necessidade inevitável do imutável destino natural.

É tendo isso em mente que podemos compreender o grande número de festivais populares, de celebrações do patrimônio, de festas da Terra e das regiões, de festas medievais e outros acontecimentos festivos que marcam a vida cotidiana pós-moderna. Todas essas coisas evocam a importância da memória imemorial da comunidade. De uma comunidade que precisa de raízes para poder crescer. Nesses fenômenos variados, o renascimento mitológico lembra que, para além do racionalismo que corta e separa, a razão sensível, a do "bom senso e da reta razão reunidos", celebra com um sensismo

---

114. François-René de Chateaubriand, *Mémoires d'Outre tombe, op. cit.*, livro 13, cap. 10.

espiritual a unidade do ser natural e do ser social. Que é justamente o fio condutor do "realismo" tomista.

Na verdade, o mito ressalta que o ser do homem é uma mistura na qual passado e futuro são vividos no presente. Oriunda da tradição e do território em que essa tradição está enraizada, a memória permite, *de facto*, a reconciliação do ser. Causa e efeito do parentesco com a natureza e fonte fecundante da eterna juventude deste mundo.

A saga mítica das celebrações do patrimônio e a saga mística própria do culto da terra-pátria lembram que, para além do corte ontológico que caracteriza a ideosofia moderna, a sensibilidade ecosófica pensa e vive, de maneira holística, o relacionismo que une o indivíduo, a comunidade e o território. É isso que a Escola de Palo Alto, na Califórnia, resumiu bem na noção de *proxemy*. É isso também que o mistério da encarnação concretiza: Deus encarnando em um lugar determinado (Belém). O que simboliza bem a dinâmica própria da união daquilo que é irrefutável.

Para fazer mais uma referência à tradição católica, encontramos essa ideia de unicidade na metáfora evangélica da "túnica sem costura" de Cristo (João 19:23), *Tunica inconsutilis*, que é certamente o símbolo de uma Igreja unida e unificadora, antes do discurso sectário iniciado pela Reforma Protestante. Mas também é, do ponto de vista epistemológico, o símbolo de um "conhecimento comum" que une todos os sentidos e os sentidos de todos. Um conhecimento orgânico que une, de certa forma, um lugar e aqueles que o habitam. Algo fácil de compreender quando vemos como os modos de pensar e de ser dependem totalmente de um continente, um país, uma nação e um território determinado.

Portanto, não estamos mais numa universalidade absolutamente abstrata, mas numa "uni-diversalidade" originária de culturas enraizadas, cada uma das quais guarda, em razão do lugar que lhe serve de base, sua especificidade, ajustando-se e adaptando-se, *a posteriori*, às outras. Sem analisar mais a fundo esse processo, basta reconhecer que a potência inegável do localismo baseado nas especificidades locais não impede a relação com as diversas especificidades que constituem, de maneira dinâmica, o multiculturalismo pós-moderno. O acrônimo "glocal" exprimiria bem a harmonia conflituosa em curso no mundo contemporâneo.

A "glocalização" exprime bem a subsidiariedade entre as escalas locais e globais, mas também a reversibilidade que certamente existe na vida real entre todos os elementos da natureza e da cultura. É essa ação-retroação que dá um sentido verdadeiro ao Ser, em sua forma verbal. O Ser como infinitivo substantivado tem um aspecto abrangente; ele põe em contato os diversos elementos do dado mundano. Isso explica a enorme energia exibida pelas jovens gerações que, não se identificando com os diferentes projetos políticos propostos pelas máquinas partidárias, não deixam de estar presentes, com avidez, naquilo que se vive com autenticidade aqui e agora. Poderíamos aplicar-lhes a frase singular de Chateaubriand aconselhando que soubéssemos extrair do tempo em que vivemos, ou seja, o presente, "sementes de eternidade"!

Uma eternidade vivida no presente, causa e efeito da mudança de paradigma que estamos vivendo. Não é a primeira vez que uma mutação profunda ocorre ao longo do tempo. Os historiadores da religião lembram que a figura da Fênix é encontrada com nomes diferentes em inúmeras culturas:

Simurg, na Pérsia; Rokh ou Fenghung, na China; o pássaro Minka, na Austrália etc. E isso para que fiquemos atentos ao fato de que a saturação de um modo de ser e de pensar vem sempre acompanhada de um Renascimento incontestável.

É por isso que a húbris prometeica, que viola as leis tácitas da natureza – violência que foi a marca registrada da modernidade –, parece aos poucos ter ficado superada. A terra retoma seus fundamentos, e os arquétipos emergem das ruínas mais uma vez. A arrogância que estimulava a dominação do mundo tinha como justificativa que, como era desprovida de espírito, a natureza deveria ser detestada. Pois a *Ratio* era o único e singular instrumento que o ser humano podia utilizar. Começamos novamente a reconhecer, porém, que o instinto, as paixões e os diferentes afetos também têm direito à palavra. O que significa aceitar que o animal humano é parte integrante deste mundo, cujas vantagens e vicissitudes ele compartilha. Em suma: que ele é, no sentido primitivo do termo, um "mundano".

Um "mundano" que reconhece que é inútil querer impor uma ordem à natureza, consciente de que é mais inteligente acompanhar sua ordem particular. Atitude pensada premonitoriamente por Heidegger por meio da noção de serenidade (*Gelassenheit*), e amplamente aplicada no "largar mão" da *New Age* contemporânea[115]. Atitude de essência um pouco mística que levou inúmeros religiosos (Santo Inácio de Loiola, São Domingos) a ressaltar a importância do distanciamento. Distanciamento que fortalece uma energia que sempre, e uma vez mais, renasce, pois, retomando uma imagem bíblica, *renovabitur ut aquilae Juventus tua*, "a tua mocidade se renova como a da águia" (Salmos 103:5).

---

115. Martin Heidegger, "Chemins de campagne", em: *Questions, op. cit.*, v. 3, p. 9.

Existe, certamente, uma verdadeira revolução em andamento. Porém, esquecendo, como em relação a muitas outras, o que essa palavra quer dizer – *revolvere*, rolar para trás ou imprimir um movimento circular –, as elites estão simultaneamente excitadas e excitáveis. Isso porque elas não compreendem que, na espiral própria do destino fatídico do dado mundano, alguns elementos imutáveis da lei da natureza reencontram uma estranha necessidade.

Desse modo, aquilo que se exprimirá em palavras como osmose, simbiose, biodiversidade e outras características do ecossistema natural e social está no âmago mesmo da sabedoria e da prática populares. Elas estruturam, na verdade, a sensibilidade ecosófica ou o inconsciente coletivo de uma sociedade oficiosa cada vez mais desconfiada de instituições que deveriam representá-la. Daí o distanciamento que eu acabei de mencionar, lembrando sua dimensão espiritual e sua conotação sacral. Precisamente na medida em que nos torna atentos ao aspecto quase divino da mãe-terra. Gaia como terra-mátria.

Diante da excitação das elites, é justamente essa sensibilidade que provoca uma calma surpreendente, da parte do povo, diante do corre-corre político, até e inclusive em sua forma ecológica. Serenidade um pouco irônica, diante de uma agitação cuja esterilidade não engana mais ninguém. Quietude que retoma a tradicional *hésychia* grega, que designava, simultaneamente, a busca do divino no silêncio e no recolhimento, e a preocupação com um bem-estar essencialmente qualitativo.

A qualidade de vida é justamente o que parece prevalecer no imaginário do momento. Reminiscência de um epicurismo que precisa ser compreendido em seu verdadeiro sentido. Criada por Epicuro, a Escola do Jardim – e o lugar não é neutro – dedicava-se a rejeitar o que não era natural nem necessário. E isso, certamente, dando ênfase ao material, mas igualmente à sabedoria que lhe servia de contraponto. Em suma: alcançar uma mente serena e uma alma tranquila a partir do controle dos prazeres, sabendo banir o que é supérfluo. Ora, é justamente a preocupação com esse qualitativo, feito de moderação e de equilíbrio, que parece ser o centro nervoso do hedonismo difuso em ação nas sociedades pós-modernas.

Isso certamente não é levado em conta pelo economicismo da sociedade oficial, mas o valor das coisas que não têm preço[116] como expressão de um êxtase coletivo produzido pelos sonhos, pelas ilusões e pelas fantasias populares é uma preocupação cada vez mais compartilhada. De fato, a vida criativa não tem preço, mas ela sabe que é preciso, com urgência, tomar conta da "casa comum". E as redes sociais ajudam essa preocupação popular, bem distante de um "verde" de fachada (*greenwashing*), difundindo, como nunca antes, propostas relacionadas às cestas orgânicas, associações em defesa dos camponeses, permacultura, agroecologia, sítios ecológicos e uma miríade de manifestações do gênero. Sem contar os inúmeros horticultores amadores, que se afastam aos poucos das miragens da "horta pronta" e turbinada com fertilizantes e pesticidas para reencontrar uma horta "joia da natureza", no sentido japonês da expressão.

De um ponto de vista reflexivo, ao chamar a atenção para a radicalidade desses fenômenos, não se tem por intenção

---

116. Ver Jean Duvignaud, *Le Prix des choses sans prix*, Montpellier: Actes Sud, 2001, e Michel Maffesoli, *L'Ordre des choses: penser la postmodernité*, Paris: CNRS, 2014.

nomeá-los, mas mostrar como seu denominador comum é pensar de maneira sistemática este mundo, isto é, enquanto ecossistema. Holismo próprio da ecosofia natural que funciona em um biomimetismo seguro de uma espécie de "participação mágica" da natureza, cujas inúmeras manifestações nas sociedades primitivas Lucien Lévy-Bruhl apontou[117].

A potência mística atribuída aos animais, a participação-imitação no mundo natural, a identidade com o meio ambiente que isso produz, até mesmo a "consubstancialidade", são elementos que permitem compreender a profunda mudança de paradigma que está em andamento. "Profunda" porque subterrânea, mas não menos real. Ocultas na vida diária, podemos dizer que são "núpcias místicas" celebradas com a natureza. O arrebatamento dos sentidos, o culto ao corpo, o delírio dos afetos e a importância do emocional – são muitas as manifestações do reconhecimento de que a vida é um luxo.

Tudo se espalha, pela internet, de maneira contagiosa. Era ao desenvolvimento do mundo urbano que Simmel se referia quando falava da "intensificação da vida dos nervos". Não é incorreto dizer que hoje em dia essa intensificação é vivida numa nova relação com o mundo natural. Para retomar a frase de um humorista, a cidade foi transportada para o campo. Basta ver no que se transformaram, diferentemente das metrópoles europeias, as megalópoles pós-modernas, para perceber que são verdadeiras "selvas" de pedra, não muito distantes das selvas naturais *stricto sensu*. Também aí o naturalismo é indiscutivelmente evidente.

---

117. Lucien Lévy-Bruhl, *La Mythologie primitive*, Paris: Félix Alcan, 1935. Ver também Denis Jeffrey, *Jouissance du sacré: religion et postmodernité*, Paris: Armand Colin, 1998.

É essa relação fusional com a terra-mãe e, de maneira mais geral, com a feminilidade, que permite explicar o futuro "histérico" do mundo social. As mais evidentes são as histerias musicais, esportivas, religiosas ou consumistas. Histérico, no sentido etimológico, é quando o "ventre", e não o cérebro, é solicitado. É ele que dispara as reações e move os comportamentos fundamentais do ser-junto; o que denominamos, sem quase nos darmos conta, de "social".

Posso fazer referência também a um drama de Goethe? Fausto desce até as Mães porque elas cuidam das forças originárias que constituem o "Grande todo". Elas são as guardiãs das "formas arquetípicas" de onde brotam todas as coisas. É o ressurgimento desse aspecto matricial que tende a renascer hoje em dia. E, ao destacar o instinto, o emocional, e a fusão natural e comunitária, é precisamente a paixão interpessoal da sabedoria coletiva que vem ocupar, mais uma vez, o centro das atenções da sociedade. É justamente nisso que o naturalismo e a sensibilidade ecosófica – que é a sua expressão – são causa e efeito de um inegável reencantamento do mundo.

Contudo, toda palingênese, ou regeneração, é precedida da angústia típica das dores do parto. E isso até que um novo equilíbrio seja alcançado: o da ordem natural. Esse último, porém, baseado no fundamento primitivo dos arquétipos, compromete e, por isso, preocupa o racionalismo moderno, que repousa nas ideias míopes do causalismo e do finalismo: tudo tem uma causa única e caminha em direção a um fim seguro de si. Em termos mais rebuscados: *terminus a quo* e *terminus ad quem*.

Como aconteceu em outros momentos do destino da espécie humana, uma dimensão mais aberta ou mais complexa tende a prevalecer na regeneração ecosófica[118]. O holismo é sua expressão, o policausalismo, o método. Nesses momentos, a mente individual torna-se parte integrante da "alma do mundo". Daí a atmosfera "histérica" mencionada anteriormente, ou, para dizê-lo com palavras mais neutras, o papel desempenhado pelo emocional; uma atmosfera mental na qual os afetos contaminam o espaço público.

O êxtase socrático devido ao *daímôn*, a "união" com o Deus por excelência de Plotino, a visão intuitiva de Porfírio que permitia usufruir do Ser supremo, sem esquecer as inúmeras iluminações que marcam as diversas obras do pensamento místico – podemos encontrar uma grande quantidade de pensamentos autênticos nos quais o contato com forças misteriosas da natureza provoca um leve tremor da mente que, para além de raciocínios abstratos, busca uma adaptação com o Ser em sua totalidade. Lembro que o termo "social", empregado muitas vezes sem que se saiba bem o que está por trás dele, nada mais é que a aplicação dessa perspectiva holística: participar do impulso vital específico de uma *ordo amoris* que rompe os diversos compartimentos criados pelo individualismo epistemológico moderno.

Essa postura extática, naquilo que nos diz respeito aqui, remete a uma religião natural que não tem a ambição de controlar e dominar o mundo, mas de entrar em osmose com ele. Trata-se de levar a sério o mistério da encarnação. Mistério que tem um papel importante na teologia católica, mas que também se dispersará, na religiosidade popular, através de um importante calendário de festas de santos, que são, na

---

118. Sobre essa "complexidade", ver as obras de Edgar Morin, *La Méthode en deux tomes*, Paris: Seuil, 2008, e *Terre-Patrie*, Paris: Seuil, 1996.

maioria das vezes, figuras emblemáticas locais, enraizadas em um território e que compartilham, de fato, os valores sociais típicos daquela região.

Desse modo, o calendário litúrgico permite glorificar Deus através das figuras de santos enraizados, símbolos de uma comunhão com o corpo natural, prefiguração ou antecipação do corpo celestial ou "corpo glorioso". O culto aos santos é uma maneira "realista" de contemplar o divino e, assim, entrar em comunhão com todos aqueles que participam dessa efusão amorosa. Na filosofia "realista" de Tomás de Aquino, o mistério da encarnação tem um papel importante. Os sentidos, o espaço e o lugar não são, de modo algum, desprezados, pois "quando a natureza humana se uniu a Deus por meio do mistério da encarnação, todos os rios dos bens naturais voltaram à sua fonte"[119].

Aliás, é esse "realismo" filosófico que subordina o intelecto aos sentidos – que poderíamos chamar, usando um oximoro sugestivo, de "materialismo místico" – e que vai levar o Aquinense a preferir a contemplação à discursividade, e a não terminar a sua obra. A seus discípulos que o estimulavam a prosseguir, ele respondeu: "Não aguento mais. Tudo que eu escrevi me parece palha [*palea*] comparado ao que eu vi"[120].

O sacral naturalista não faz outra coisa. Ele relativiza o poder do conceito por meio da potência da vida. O conceito analisa, o que é legítimo, e, para fazê-lo, *stricto sensu*, corta, separa. É por isso que ele é "nomotético", que ele formula leis. O "sacral" respeita o mistério próprio da complexidade da vida.

---

119. Tomás de Aquino, *Sentences*, livro 3, prólogo *apud* Jean-Pierre Torrell, *Initiation à saint Thomas d'Aquin*, Paris: Les Éditions du Cerf, 2015, p. 204.

120. *Ibidem*, p. 270.

Ele se limita a escrever as particularidades: "idiografia". Ao fazê-lo, porém, apresenta um quadro coerente de um mundo que a análise tinha fragmentado. Ele reúne o que tinha sido espalhado. É nesse sentido que ele participa do (re)encantamento do mundo.

Enquanto o culturalismo moderno segmenta a *realidade* em pedaços analisáveis, o naturalismo pré e pós-moderno descreve um Real complexo, reconstituindo-o em sua irrefutável unicidade. Portanto, o mundo fragmentado retoma o aspecto de um tecido unificado no qual o entrelaçamento dos diferentes fios contribui para a solidez do conjunto. Por isso, ao chamar a atenção para a imutabilidade das coisas, ele evoca a magia que a natureza não deixa de exercitar e que retoma uma expansão inegável no imaginário popular do momento. É essa religiosidade naturalista que torna atual o *Deus siva natura* espinosano.

Em um livro clássico sobre a mística judaica, Moshe Idel lembra que, ao lado de *Yavé*, o Deus da Aliança, *Elohim*, Deus universal, tem uma forma plural[121]. O que recorda a multiplicidade e a potência da divindade. E, segundo a *gematria* (cálculo do valor numérico das palavras em hebraico), *Elohim* tem o mesmo valor que *Natura* (*Teva*).

Esse plural majestático e essa proximidade com a natureza não deixam de evocar a trindade e o mistério da encarnação, característicos do Deus católico. O que simboliza bem a sinergia que existe entre o corpo sensível (do indivíduo), o corpo comunitário (da Igreja) e o corpo divino (da pericorese divina). É justamente a circunvolução que existe entre esses corpos

---

121. Moshe Idel, *Maïmonide et la mystique juive*, Paris: Les Éditions du Cerf, 1991, p. 150 ss.

diferentes que o sacral pretende ressaltar. A sinergia, no sentido estrito do termo, implica uma multiplicação dos efeitos, outra maneira de afirmar a onipotência da ordem inevitável das coisas: de uma natureza atemporal e imutável, e do divino, que é a sua expressão visível.

A *synkatabasis* é uma noção pouco conhecida e, no entanto, fundamental. É a condescendência divina, de Deus para com o seu povo, no Antigo Testamento, de Cristo na encarnação, ou a boa vontade eclesiástica diante da fraqueza humana. Em suma, trata-se de levar em conta a realidade da carne. De um sensível que, apesar de suas fraquezas, faz parte do dado social e natural. Social porque natural! Essa "condescendência" dá forma, isto é, permite o fato de existir.

Ao contrário de uma teologia puramente intelectual, a teologia simbólica, outra maneira de denominar a abordagem contemplativa, dá forma, dá uma imagem ao divino. Desse modo, ela consiste, para São Boaventura, no "uso sensato das coisas sensíveis"[122] (*ut recte utamur sensibilibus*). A fonte eficaz desse simbolismo é, naturalmente, o vasto livro do mundo. De um mundo natural em que a carne ocupa um lugar de destaque. Sem forçar demais o texto, existem nessa teologia simbólica as raízes de uma justificação do humano não por meio de uma fé ou de uma razão abstrata, mas justamente pelas obras da "carne" pessoal e comunitária, que correspondem, analogicamente, à encarnação do Deus que se fez homem.

O naturalismo dos antigos perdura na tradição ocidental. A história e a arte da Idade Média demonstram isso de maneira abundante. E será preciso esperar a Reforma para que

---

122. Ver Laure Solignac, *La Théologie symbolique de saint Bonaventure*, Paris: Parole et Silence, 2010, p. 15.

esse prazer de existir, esse excesso de ser carnal, seja considerado incompatível com o cristianismo. Como observa Gilson, Lutero combate energicamente o tomismo, pois Tomás de Aquino continua defendendo a existência de uma natureza que o pecado não destruiu completamente[123]. Mas a religiosidade do catolicismo popular sabe, com um "saber incorporado", se adaptar à ambivalência da existência natural. Sem verbalizá-lo assim, ela "sabe" que o *humanismo* é moldado a partir do *húmus*. O *humanismo* integral, tal como Jacques Maritain o pensou a partir do "realismo" tomista, reconhece, com *humildade*, esse estado de coisas.

A aceitação da ambiguidade natural e social, isto é, a concordância com o destino naquilo que ele tem de desagradável e cruel, é o centro nervoso da sabedoria antiga. E também, não nos esqueçamos, do Renascimento pós-moderno. Foi o que eu chamei, inúmeras vezes, de *enraizamento dinâmico*! É nessa ambivalência que se baseia a sensibilidade ecosófica, desenvolvendo-se numa eternidade vivida no presente. Um instante eterno, o do aqui e agora.

É justamente para isso que a religiosidade do catolicismo tradicional chama a atenção. Algo que se exprime, da melhor maneira possível, no culto aos santos e nas raízes "localistas", tão caros à mentalidade popular[124]. Nesse culto naturalista, é o mistério da encarnação que é vivido na proxêmica, no dia a dia. Deus ganha forma através de todas as figuras tutelares do calendário de dias santos. Esse sobrenatural se encarna no natural. Um natural epifânico, isto é, que torna visível o sobrenatural.

---

123. Étienne Gilson, "Le Moyen Âge et le naturalisme antique", *op. cit.*, pp. 15 e 32.
124. Ver Peter Brown, *Le Culte des saints: son essor et sa fonction dans la chrétienté latine*, Paris: Les Éditions du Cerf, 2012.

No grande instinto do presente, o inconsciente coletivo lembra em quê e como ele está fortemente apegado à vida. O hedonismo, o corporeísmo latente, é uma maneira de viver, diariamente, o *corpo de ressurreição*. É isso que significa o clima sacral do momento, não mais a espera de uma hipotética "Grande Noite" política, nem uma desvalorização irracional deste mundo, mas a convicção de que, num instante, *in ictu oculi*, num abrir e fechar de olhos, como diz São Paulo (Primeira Epístola aos Coríntios 15:52), a regeneração pode acontecer.

A exemplo de uma natureza que se renova constantemente durante o ciclo das estações, a sensibilidade ecosófica nada mais é que uma maneira de afirmar a palingênese de todas as coisas: uma gênese sempre atual. Ela reafirma, assim, a divinização majestosa de um Real impregnado com todos os sonhos ancestrais da natureza humana. Mas essa sabedoria popular, essa sabedoria da casa comum (*Ecosofia*), exprime-se de diversas formas: o que é claro, o que é figurado e o que é oculto. É por isso que Heráclito diferenciava o que é "explícito", o que é "significativo" e o que é "oculto". É exatamente isso que é preciso decifrar.

É justamente esse oculto, considerado uma reserva de vida, que o sacral naturalista leva a sério. Na verdade, é nas camadas profundas e misteriosas da natureza que se encontra a garantia da harmonia possível existente entre o natural e o social. O reconhecimento desse sacral permite não violar as leis divinas ou naturais. Ele permite não sucumbir aos encantos de uma contranatureza que, como em todos os períodos de decadência, exprime-se de maneira ruidosa.

Os fenômenos da contranatureza, em suas manifestações animalescas e em seus excessos tonitruantes, dizem respeito apenas a "minorias ativas" que aterrorizam e culpabilizam as massas populares, que, por sua vez, interessam-se muito pouco por esses debates fúteis sobre o "sexo dos anjos"! Na verdade, a contranatureza nada mais é que o resultado lógico do culturalismo moderno, cuja ideosofia sempre pensou que era possível dominar a natureza, reformando-a ou transgredindo suas leis intangíveis. O marasmo contemporâneo, frequentemente chamado de crise, é a consequência inevitável dessa *lógica da dominação*, que conduz a uma *lógica da devastação*.

Mas nós não pensamos com as ideias (ideosofia), e sim com as coisas (realismo). E as coisas não nos deixam esquecer, em particular ao revelar o aspecto ambivalente de uma ordem natural cuja harmonia se baseia na complementaridade existente entre o bem e o mal, a vida e a morte. Reversibilidade que constitui o centro nervoso de todo impulso vital autêntico.

Além e aquém das ideosofias abstratas, é justamente sobre essa lição das coisas que convém meditar. Não fazendo delas um sistema, mas sabendo questioná-las. Como ensina Heidegger: "O questionamento é a devoção do pensamento"[125]. Não dizem que essa devoção é como uma estaca que enraíza cada um de nós no ser? No átrio da vida, abrigo em que podemos encontrar segurança e proteção. É com essa segurança que poderemos reencontrar a harmonia que permite que o homem habite, de verdade e de forma duradoura, este mundo. A sensibilidade ecosófica tenta responder a esse desafio.

---

125. Martin Heidegger, "La Question de la technique", em: *Essais et conférences*, *op. cit.*, p. 48.

Sobre o autor

Doutor em Ciências Humanas e Sociologia e considerado um dos maiores especialistas em pós-modernidade, Michel Maffesoli é professor emérito da Universidade Sorbonne (Paris V), fundador e diretor do Centre d'Études sur l'Actuel et le Quotidien (Centro de Estudos sobre a Atualidade e o Cotidiano), vice-presidente do Institut International de Sociologie (Instituto Internacional de Sociologia) e secretário-geral do Centre de Recherche sur l'Imaginaire (Centro de Pesquisa sobre o Imaginário).

Fontes	FF Scala e Didot
Papel	Supremo Duo Design 300 g/m² (capa),
	Pólen Soft 80 g/m² (miolo)
Impressão	Hawaii Gráfica e Editora Ltda.
Data	Junho de 2021